Rainer Balcerowiak   **Faktencheck Flüchtlingskrise**

W0078249

Rainer Balcerowiak, Jahrgang 1955, studierte Popularmusik und arbeitete als Musiker und Musikpädagoge, bevor er 1998 hauptberuflich in den Journalismus wechselte. Nach langjähriger Redakteurstätigkeit bei der *jungen Welt* arbeitet er seit 2011 freiberuflich und veröffentlicht unter anderem regelmäßig im *Neuen Deutschland,* der *taz* sowie dem Magazin *Hintergrund* und in diversen Weinmedien. Er lebt in Berlin und pflegt nebenbei seinen Blog *genuss-ist-notwehr.de.*

Rainer Balcerowiak

Faktencheck Flüchtlingskrise

Was kommt auf Deutschland noch zu?

ORIGINALAUSGABE
edition berolina

eb edition berolina

ISBN 978-3-95841-030-5
1. Auflage
Alexanderstraße 1
10178 Berlin
Tel.   01805/309999
FAX   01805/353542
(0,14 €/Min., Mobil max. 0,42 €/Min.)

© 2015 by BEBUG mbH/edition berolina, Berlin
Umschlaggestaltung: buchgut, Berlin
Druck und Bindung: GGP Media GmbH, Pößneck

www.buchredaktion.de

Inhalt

Vorwort

Am 31. August 2015 sagte Bundeskanzlerin Angela Merkel auf ihrer traditionellen Sommerpressekonferenz jenen Satz, der seitdem den politischen Diskurs in Deutschland prägt: »Wir schaffen das, und wo uns etwas im Wege steht, muss es überwunden werden.« Damit kündigte Merkel scheinbar einen radikalen Paradigmenwechsel in der Flüchtlingspolitik an. Zeitweilig sollten von nun an die Grenzen für alle Flüchtlinge geöffnet werden, die nach oftmals monatelanger Odyssee in Deutschland um Aufnahme ersuchen. Die sogenannte Dublin-Verordnung, welche die Rückführung aller Flüchtlinge in jene Länder vorsieht, in denen sie erstmals das Gebiet der Europäischen Union betreten haben, wurde damit faktisch ausgesetzt.

Merkel reagierte damit auf eine dramatische Entwicklung. Hunderttausende bereits aus ihren Heimatländern geflohene Menschen hatten sich vor den Toren Europas aufgemacht, um mit Hilfe von organisierten Schlepperbanden die letzte Etappe in den vermeintlich sicheren Hafen EU zu absolvieren. Allein im Libanon, einem Staat mit vier Millionen Einwohnern, waren im Mai 1,2 Millionen Flüchtlinge, hauptsächlich aus Syrien, registriert, wobei von einer hohen Dunkelziffer auszugehen ist. In der Türkei wird von deutlich mehr als zwei Millionen ausgegangen. Dort vegetierten die meisten Flüchtlinge in notdürftigen Behausungen oder provisorischen Lagern, ohne jegliche Perspektive auf ein einigermaßen menschenwürdiges Leben. Nicht einmal die Versorgung mit Lebensmitteln oder medizinische Hilfe konnte (und kann) in den riesigen Notlagern sichergestellt werden. Und es geht nicht nur um Syrer, auch wenn diese die größte Gruppe in den Auffanglagern und den vielen illegalen Siedlungen bilden. Auch viele Afghanen, Iraker und Eritreer sind auf ihrer Flucht vor Krieg und Terror dort gestrandet und hoffen auf Schutz und wenigstens humanitäre Grundversorgung in Europa.

Obwohl diese Menschen (und auch weitere Flüchtlinge, vor allem aus afrikanischen und asiatischen Ländern) theoretisch unter dem Schutz der UN-Flüchtlingskonvention stehen (die von allen EU-Mitgliedsstaaten unterzeichnet wurde), gibt es faktisch keine legalen Einreisemöglichkeiten in die EU. So bleibt den meisten nur der gefährliche und teure Weg über das zentrale Mittelmeer beziehungsweise die Ägäis. Wer die Fahrt in den oftmals maroden und/oder seeuntüchtigen Booten überlebt, landet schließlich meistens in Lampedusa (Italien) oder auf einer griechischen Insel. Die fast schon verzweifelten Bitten dieser beiden Länder an ihre EU-Partner, sie mit dem Problem nicht allein zu lassen, wurden weitgehend ignoriert. So blieb Italien und Griechenland irgendwann gar nichts anderes übrig, als den Flüchtlingen den Transit in andere Länder zu gestatten – obwohl dies der Dublin-Verordnung zuwiderlief. Hunderttausende begaben sich auf die »Balkanroute«, um über Nicht-EU-Transitländer wie Mazedonien und Serbien schließlich die EU zu erreichen. Doch die ost- und südosteuropäischen EU-Staaten wollten ebenfalls bestenfalls den Transit nach Österreich und Deutschland zulassen, Ungarn hat seine Grenzen sogar komplett abgeriegelt und zudem unmissverständlich erklärt, keine Flüchtlinge aufzunehmen, jedenfalls nicht aus dem muslimischen Kulturkreis.

Um eine humanitäre Katastrophe zu verhindern, entschieden sich sowohl Österreich als auch Deutschland, die Grenzen für Flüchtlinge zeitweilig zu öffnen und damit auch eine unkontrollierte Einreise zu ermöglichen, was schließlich zu den bekannten chaotischen Szenen bei der Erstaufnahme und -versorgung der Flüchtlinge führte, die nur durch kaum für möglich gehaltenes massenhaftes bürgerschaftliches Engagement von unzähligen freiwilligen Helfern ein wenig abgepuffert werden konnten, aber auf der anderen Seite auch zu erheblicher Verunsicherung in Teilen der Bevölkerung führten.

Vor diesem Hintergrund hat Merkel im August deutlich gemacht, dass sie sich dieser Aufgabe zu stellen gedenkt, ohne in vordergründige Abschottungsreflexe zu verfallen, wie sie seit Jahrzehnten die deutsche Politik dominiert haben. Dem diente auch die im September nachgereichte Klarstellung an die Adresse ihrer Kritiker in- und außerhalb ihrer Partei: »Wenn wir jetzt anfangen, uns noch entschuldigen zu müssen dafür, dass wir in Notsituationen ein freundliches Gesicht zeigen, dann ist das nicht mein Land.«

Klare Worte. Dennoch wirft das Ausgangsstatement der Bundeskanzlerin (»Wir schaffen das ...«) mehr Fragen auf, als es beantwortet. Wer sind »wir«? Was müssen oder wollen wir überhaupt »schaffen«? Und vor allem wie?

Mittlerweile hat die Bundesregierung wieder den Rückwärtsgang eingelegt. Im Oktober wurde das Asylrecht deutlich verschärft, unter anderem durch die Erweiterung der Liste sogenannter sicherer Herkunftsländer, in denen nicht von einer Verfolgung auszugehen ist, die einen Asylanspruch begründet. Ferner sollen das Prüfverfahren beschleunigt und geduldete Flüchtlinge ohne Aufenthaltsberechtigung schneller abgeschoben werden, unter anderem durch die Einrichtung neuer Registrierzentren. Die Regeln für humanitäres Bleiberecht wurden restriktiver gestaltet, in Kürze sollen sogar Afghanen wieder in ihre Heimat abgeschoben werden können, obwohl dort ein zunehmend eskalierender Bürgerkrieg herrscht. Viele weitere Maßnahmen sind derzeit in der Diskussion, und wenn dieses Buch erscheint, kann es bei einigen Aspekten bereits von der hektisch agierenden deutschen und europäischen Politik überholt worden sein.

Einiges ist allerdings sicher. Allein in diesem Jahr werden rund eine Million Menschen in der Hoffnung nach Deutschland kommen, in Sicherheit vor Krieg, Terror und Verfolgung leben zu können oder sich ein Leben jenseits von Perspektivlosigkeit und bitterer Armut aufzubauen. Nicht alle werden hierbleiben können, was nicht in erster Linie drastisch verschärfte Regelungen für die Abschiebung bedeuten muss, sondern vor allem durch eine gerechte Verteilung innerhalb der EU bewerkstelligt werden könnte. Sicher ist ferner, dass diese abrupte, massenhafte Zuwanderung Deutschland vor eine gewaltige Zerreißprobe stellen wird, auch ökonomisch, aber noch viel mehr gesellschaftlich. Das Land wird sich verändern (müssen), und das schafft vielerorts Verunsicherung, weckt Ängste und Vorurteile. Wenn dieses Buch ein wenig dabei hilft, diese zu hinterfragen oder gar zu überwinden, dann hat es seinen Zweck mehr als erfüllt.

Migration in Deutschland – kleiner historischer Abriss

Hugenotten, Holländer, Heiden – das weltoffene Preußen

Staatlicher Schutz für politisch Verfolgte hat in Deutschland eine lange Tradition. Am 8. November 1685 unterzeichnete Kurfürst Friedrich Wilhelm im Potsdamer Stadtschloss das sogenannte Potsdamer Edikt, mit dem in Frankreich verfolgten Protestanten (Hugenotten) Asyl in Preußen angeboten wurde. Der Kurfürst reagierte damit prompt auf einen Erlass des französischen Königs vom Oktober, der den Protestanten jegliche Ausübung ihrer Religion verbot. Natürlich war dieses Angebot nicht ganz uneigennützig, denn nach den Verheerungen des Dreißigjährigen Krieges lagen große Teile Preußens buchstäblich brach, und es fehlte vor allem an Fachkräften, die der Landwirtschaft, dem Handwerk und dem Siedlungsbau neue Impulse versetzen konnten. Die Bedingungen für die Einwanderer waren alles andere als diskriminierend. Im Gegenteil: Den Neu-Preußen wurde mit kostenlosen Grundstücken, Baumaterial, zeitweiliger Steuerbefreiung und Anschubfinanzierungen für Handwerker unter die Arme gegriffen. Es galt die rechtliche Gleichstellung mit den Einheimischen, freie Ausübung ihres Glaubens, Beibehaltung und Pflege ihrer Sprache, und es gab besondere Kommissare als Ansprechpartner, die man heute wahrscheinlich als Integrationsbeauftragte bezeichnen würde. 1695 unterschrieb der König das Dekret für den Bau einer französischen Kirche am Berliner Gendarmenmarkt, die 1705 eingeweiht wurde. Über zwanzigtausend Hugenotten folgten dem Ruf Preußens und sorgten für eine beispiellose Blüte von Kultur und Wirtschaft in dem bislang militä-risch-agrarisch geprägten Land.

Es sollte nicht die letzte Einwanderungswelle in Preußen sein. Mitte des 18. Jahrhunderts wurde gezielt um holländische Hand-werker geworben, die sich in Potsdam sogar ein eigenes Viertel in holländischem Stil gestalten durften, das noch heute zu den architektonischen Schmuckstücken der Stadt gehört. Die teuren und verlustreichen Kriege warfen das Land immer wieder zu-rück, was die Herrschenden erneut veranlasste, um Zuwanderer zu werben, und das beileibe nicht nur im christlich-europäischen Kulturkreis. Von Friedrich II. (»der Große«) ist ein Ausspruch von 1763, kurz nach dem Ende des Siebenjährigen Krieges, über-liefert: »Und wenn Türken und Heiden kämen und wollten das Land peuplieren, so würden wir ihnen Moscheen und Kirchen bauen.« Doch die heißersehnten Gäste aus dem Morgenland ka-men nicht.

Kohle- und Stahlbarone brauchen Arbeiter

Im 19. Jahrhundert war Deutschland zunächst von Auswande-rung geprägt. Sechs Millionen Menschen verließen das Land und suchten neue wirtschaftliche Perspektiven, vor allem in den USA. Erst der wirtschaftliche Erfolg des Deutschen Reiches in Zei-ten der Industrialisierung führte ab den 1870er Jahren zu einer gegenläufigen Bewegung. Ausländische »Wirtschaftsflüchtlinge« ließen sich vor allem in den Industriezentren der Kohle- und Stahlindustrie nieder, besonders im Ruhrgebiet, später auch in Berlin. Die meisten kamen aus Polen und den Masuren. Obwohl als Arbeitskräfte unverzichtbar, stießen schon die damaligen Einwanderer auf erhebliche Vorbehalte, mit teilweise eindeutig rassistischen Untertönen. In einer Denkschrift warnte 1896 der Oberpräsident der Provinz Westfalen, Heinrich Konrad Studt, vor bedeutenden Gefahren durch »die Anhäufung großer Arbeitermassen slawischer Abkunft im rheinisch-westfälischen Industriegebiet«. Denn es handele sich um »Elemente, welche dem Deutschthume feindlich gegenüberstehen, sich auf einer niedrigen Stufe der Bildung und Gesittung befinden und zu Ausschreitungen geneigt sind«. Und noch 1920 warnten die Vereinigten Verbände heimattreuer Oberschlesier: »Westfalen ist deutsch und soll unverfälscht bleiben [...]. Polnische Schulen im Industriegebiet sind eine nationale Gefahr, wir werden sie mit deutscher Zähigkeit bekämpfen und ihre Einrichtung nicht dulden.«

Erst die Vertriebenen, dann die Gastarbeiter

Nach dem Zweiten Weltkrieg strömten schließlich Millionen »Volksdeutsche« aus den vom NS-Regime annektierten und bis Ende 1945 befreiten ehemaligen deutschen Ostgebieten ins verbliebene deutsche Kernland, was zu teilweise erheblichen Spannungen und zu Verteilungskämpfen mit der eingesessenen Bevölkerung führte, aber letztlich – wie auch die frühere Zuwanderung der Polen ins Ruhrgebiet – in eine gelungene Integration mündete. Selbst die Vertriebenenverbände, die jahrzehntelang – vor allem innerhalb der CDU/CSU – als einflussreiche Speerspitze einer revanchistischen Politik für die Rückeroberung der ehemaligen deutschen Ostgebiete eintraten, sind mittlerweile nur noch wenig mehr als ein folkloristisches Relikt des Kalten Krieges. Mit den Ostverträgen hatte die damals SPD-geführte Bundesregierung Anfang der 1970er Jahre eine Entwicklung eingeleitet, die schließlich im Zuge des Beitritts der DDR zur Bundesrepublik Deutschland mit der vollständigen völkerrechtlichen Anerkennung der nach dem Zweiten Weltkrieg entstandenen Grenzen zu den osteuropäischen Nachbarn mündete.

Ab Mitte der 1950er Jahre führte das sogenannte Wirtschaftswunder in der BRD zu einem dramatischen Arbeitskräftemangel, besonders in der Industrie. Viele Fachkräfte wurden aus der

DDR abgeworben, doch es reichte nicht. So wurde im Jahr 1955 das erste Anwerbeabkommen mit Italien geschlossen, es folgten weitere Vereinbarungen mit Spanien und Griechenland (beide 1960), der Türkei (1961), Marokko (1963), Portugal (1964), Tunesien (1965) und Jugoslawien (1968). Bereits 1964 feierte man die Ankunft des millionsten Arbeitsmigranten; der Portugiese Armando Rodrigues de Sá wurde offiziell am Bahnhof Köln-Deutz von den Stadtoberen empfangen und erhielt als Präsent ein Moped. Im Zuge der »Ölkrise« und der damit einhergehenden Rezession in Deutschland wurde die Anwerbung 1973 gestoppt.

Die deutsche Politik begriff die »Gastarbeiter« seinerzeit nicht als Einwanderer, sondern als temporäre Arbeitsmigranten, die, wenn sie nicht mehr benötigt werden, wieder in ihre Heimatländern zurückkehren. Doch das erwies sich als fatale Fehleinschätzung. Im Zuge der ersten Nachkriegsrezession in der BRD in den Jahren 1966/67 verloren viele Migranten und auch Altbewohner ihre Arbeitsplätze. Es mehrten sich die Stimmen, die eine »Rückführung« der Gastarbeiter forderten, was aber rechtlich unmöglich war, da viele entweder als EU-Bürger ohnehin ein Niederlassungsrecht oder sich ein Aufenthaltsrecht erworben hatten. Da die Wirtschaftskrise auch die Herkunftsländer der Migranten betraf, zogen es die meisten vor, in Deutschland zu bleiben und auch ihre Familien zu sich zu holen. Sehr mühsam gewöhnten sich die Politik und die Gesellschaft an die Tatsache, dass man künftig mit einem relativ großen Anteil von Mitbürgern nichtdeutscher Herkunft leben wird und Ressourcen für deren Integration mobilisieren muss. Ab Mitte der 1970er Jahre kam die Arbeitsmigration nach Deutschland durch den Anwerbestopp weitgehend zum Erliegen, auch in den 1980er Jahren gab es keine Zuwanderung in nennenswerten Größenordnungen. Das 1949 auch als Reaktion auf die Verfolgung und Flucht vieler Deutscher vor dem NS-Regime verankerte Recht auf Asyl für politisch Verfolgte spielte kaum eine Rolle und fand hauptsächlich auf Flüchtlinge aus dem »kommunistischen Machtbereich« Anwendung. Die seinerzeit größten Zuwanderergruppen waren ohnehin Übersiedler aus der DDR sowie »volksdeutsche« Russen und andere Osteuropäer, die nicht unter das Asylrecht fielen, sondern eher politische »Spielmasse« waren.

Der Fall der Mauer und die Folgen

Die Lage änderte sich Anfang der 1990er Jahre, als die Zahlen der Kriegs- und Bürgerkriegsflüchtlinge aus der Türkei und der Migranten aus den kollabierenden Ostblockstaaten sprunghaft anstiegen. Dazu kamen die Vertragsarbeiter aus der ehemaligen DDR – hauptsächlich Vietnamesen, aber auch Angolaner und Mosambikaner –, die besonders im Osten Deutschlands schnell zur Projektionsfläche der eigenen Abstiegsängste, aber auch fremdenfeindlicher Ressentiments wurden. Die tagelangen Attacken auf ein Wohnheim in Rostock-Lichtenhagen im August 1992 wurden quasi zum Symbol einer Welle von fremdenfeindlicher Gewalt, die aber keineswegs nur auf die neuen Bundesländer beschränkt blieb.

Dennoch weist der Osten in dieser Beziehung einige Besonderheiten auf. Zum einen wurde die auf der Grundlage bilateraler Verträge mit befreundeten Staaten in der DDR praktizierte Arbeitsmigration zu keinem Zeitpunkt als Zuwanderung verstanden. Im Gegenteil: Die »Vertragsarbeiter« blieben in den Wohnheimen quasi unter sich, persönliche Kontakte mit DDR-Bürgern über die Arbeitsstelle hinaus wurden – abgesehen von kollektiven Treffen – nicht gefördert und hier und da auch sanktioniert. Eine irgendwie geartete Bleibeperspektive für die Vertragsarbeiter stand nie zur Diskussion. Ein individuelles, gesetzlich verbrieftes Recht auf politisches Asyl auf der Grundlage der Genfer Flüchtlingskonvention gab es in der DDR nicht. Allerdings wurden politisch Verfolgte in Einzelfällen nach Maßgabe der Regierung im Rahmen der internationalen Solidarität aufgenommen, wie zum

Beispiel nach dem faschistischen Putsch in Chile im Jahr 1973. Der DDR-Gesellschaft fehlte schlicht die Erfahrung der Integration und des Zusammenlebens mit Menschen aus anderen Ländern und Kulturkreisen. Angesichts der ungeheuren ökonomischen Verwerfungen nach dem Beitritt zur BRD im Jahr 1990 beförderte dies das Schüren ausländerfeindlicher Ressentiments. Auch wenn die wohlfeilen Fingerzeige auf den angeblich »braunen Osten« wenig hilfreich bei der Diskussion über die Ursachen von fremdenfeindlicher Gewalt und rassistischen Grundeinstellungen sind, muss festgehalten werden, dass Vorurteile und Abwehrreaktionen gegen Ausländer in den neuen Bundesländern wesentlich stärker verbreitet sind und neofaschistische Parteien wie die NPD und DVU nicht nur in Kommunal-, sondern in mehrere Landesparlamente einziehen konnten.

Fremdenfeindlichkeit nicht nur im Osten

Doch auch die Alt-BRD war weit davon entfernt, die bereits erfolgte Migration und auch künftige Zuwanderung umfassend zu akzeptieren. Noch 1988 präsentierte der damalige Innenminister Fritz Zimmermann (CSU) einen Entwurf für ein neues, restriktives Ausländergesetz, in dem Zuwanderung als Bedrohung »für die Homogenität des Deutschen Volkes« bezeichnet wurde.

Auf die ausländerfeindlichen Proteste Anfang der 1990er Jahre und den rapiden Anstieg der Asylbewerberzahlen auf 440.000 im Jahr 1992 reagierte die von Helmut Kohl (CDU) geführte Bundesregierung 1993 mit einem neuen Gesetz, welches das Asylrecht mittels einer Änderung des Grundgesetzes deutlich einschränkte. Die seitdem geltende »Drittstaatenregelung« besagt, wer über ein EU-Land oder ein anderes sicheres Nachbarland Deutschlands einreist, hat keinen Anspruch auf Asyl. Ferner wurde der Begriff der »sicheren Herkunftsstaaten« implementiert, die nach Parlamentsbeschluss von der Bundesregierung definiert werden können und deren Bürger in der Regel keinen Anspruch auf Asyl haben. Neu war zudem das »kleine Asylrecht«, also die Duldung von abgelehnten Asylbewerbern, die aus humanitären Gründen nicht abgeschoben werden können.

Unabhängig vom Asylrecht nutzte die Bundesregierung einige Male auch die Möglichkeit, sogenannte Kontingentflüchtlinge aus Kriegs- und Krisenregionen aus humanitären Gründen aufzunehmen. Erstmals wurde dieses Instrument 1978 praktiziert, als 40.000 »Boatpeople« aufgenommen wurden, vietnamesische Flüchtlinge, die auf dem Seeweg aus ihrer Heimat geflohen waren. Zwischen 1990 und 2002 wurden ferner über 200.000 russische Juden als Kontingentflüchtlinge aufgenommen, die aber größtenteils später nach Israel oder in die USA auswanderten. Auch für Flüchtlinge aus den Bürgerkriegsgebieten Jugoslawiens wurden Mitte der 1990er Jahre spezielle Regelungen für eine befristete Aufnahme geschaffen. Doch nach wie vor weigerte sich Deutschland, seinen faktischen Status als Einwanderungsland zu akzeptieren, bis zum heutigen Tag sperrt sich vor allem die CDU/CSU gegen ein Einwanderungsgesetz, welches einen verbindlichen Rahmen für Migration jenseits des Asylrechts und der humanitären Flüchtlingshilfe schaffen könnte. Stattdessen bestimmten immer wieder ausgrenzende Diskurse über »Deutsche Leitkultur« und die »Bedrohung durch den Islam« die Szenerie. Nach erbitterten Auseinandersetzungen wurden in jüngster Vergangenheit immerhin neue Regeln für Einbürgerung, doppelte Staatsangehörigkeit und – sehr begrenzt – Arbeitsmigration, vor allem für Mangelberufe, erlassen. Ferner gibt es mittlerweile neue Bestimmungen und »Altfallregelungen« für ein dauerhaftes Bleiberecht von Flüchtlingen, die sich ohne Asylanspruch auf der Basis von mehrfach erneuerten Duldungen langjährig legal in Deutschland aufgehalten haben.

Auf der anderen Seite hatte und hat die BRD eine Vorreiterrolle, wenn es darum geht, die EU gegen Flüchtlinge abzuschotten. Nach wie vor gibt es schwere Defizite bei der schnellen Integration von Flüchtlingen. Angesichts der aktuellen Entwicklung der Flüchtlingszahlen wird bereits über weitere Verschärfungen des Asylrechts diskutiert, einige wurden bereits umgesetzt. Dabei ist es mehr als zweifelhaft, ob auf diesem Weg tatsächlich eine vernünftige Regulierung der Flüchtlingsströme erreicht werden kann. Von einer kohärenten, selbstbewussten Flüchtlings- und Einwanderungspolitik sind Deutschland und die EU jedenfalls Lichtjahre entfernt.

Flüchtlinge weltweit – Zahlen & Fakten

Nach Erhebungen des Flüchtlingshilfswerks der Vereinten Nationen (UNHCR) befanden sich Ende 2014 rund 60 Millionen Menschen auf der Flucht, die Hälfte davon Kinder. Allein gegenüber 2013 bedeutet dies eine Steigerung um 8,5 Millionen Menschen. Bei rund zwei Dritteln handelt es sich um sogenannte Binnenvertriebene. Sie fliehen innerhalb des eigenen Landes und sind daher nicht durch die Genfer Flüchtlingskonvention und das Hilfsmandat des UNHCR geschützt. Dennoch sind diese Flüchtlinge vergleichbar schutz- und hilfebedürftig, denn an ihrem angestammten Wohnort drohen ihnen ebenfalls Gefahr für Leib und Leben und nackte Not. Zumal Binnenfluchtbewegungen meistens in Ländern auftreten, deren staatliche Strukturen – wenn überhaupt – nur noch sehr eingeschränkt aufrechterhalten werden können, oder die viel zu arm sind, um die Binnenmigration bewältigen zu können.

Zwar bemüht sich das UNHCR nach Kräften, auch diesen Flüchtlingen humanitäre Hilfe zu leisten, doch es mangelt an allem, vor allem an finanziellen Ressourcen, um beispielsweise die Lebensmittelversorgung sicherstellen zu können. Appelle des UNHCR an die Staatengemeinschaft verhallen weitgehend ungehört.

Es ist abzusehen, dass viele dieser Binnenflüchtlinge versuchen werden, in anderen Ländern unterzukommen, in der Hoffnung, dort Schutz und eine Lebensperspektive zu finden. Bereits jetzt befinden sich über 20 Millionen weltweit außerhalb ihrer Landesgrenzen und leben größtenteils auch dort unter menschenunwürdigen Bedingungen. Rund 90 Prozent der Flüchtlinge leben in einem Nachbarland. Nur eine relativ kleine Gruppe, rund zwei Millionen, ist als asylsuchend im Sinne der Flüchtlingskonvention registriert und wartet in den Zielländern, vor allem in Europa, auf die entsprechenden Bescheide.

Die größten (externen) Fluchtbewegungen sind derzeit im arabischen Raum und in Afrika zu verzeichnen. An der Spitze steht Syrien mit annähernd vier Millionen, gefolgt von Afghanistan, Somalia, dem Sudan, dem Südsudan und der Demokratischen Republik Kongo. Aufgrund eskalierender ethnischer Konflikte und regelrechter Bürgerkriege geht das UNHCR davon aus, dass in naher Zukunft auch die Zahlen in der Zentralafrikanischen Republik, Burundi, dem Irak und Jemen deutlich ansteigen werden.

Auch bei den Binnenflüchtlingen steht Syrien mit 7,6 Millionen weit an der Spitze, gefolgt von Kolumbien mit sechs Millionen. Neben den Ländern, die in der externen Statistik Spitzenplätze belegen, tauchen bei der Binnenmigration auch der Irak und die Ukraine in der Spitzengruppe auf.

Bereits ein oberflächlicher Blick auf diese Listen zeigt, dass Flüchtlingsströme vor allem in jenen Ländern entstehen, die – teilweise über Jahrzehnte – von Kriegen und Bürgerkriegen heimgesucht wurden. In den meisten Ländern sind diese Konflikte nach wie vor akut und erzeugen permanent neue Fluchtbewegungen.

Die Aufnahme von Flüchtlingen ist weltweit extrem ungleich verteilt. Knapp 90 Prozent der Flüchtlinge leben in Entwicklungsländern, die teilweise auch ohne die Migranten auf internationale Hilfe angewiesen sind. Einige Länder beherbergen in Relation zu ihrer Einwohnerzahl besonders viele Migranten. In der Türkei sind es mindestens zwei Millionen (bei 77 Millionen Einwohnern). Deutlich extremer ist das Verhältnis im Libanon (1,2 Millionen Flüchtlinge, vier Millionen Einwohner) und Jordanien (1,5 Millionen Flüchtlinge, sechs Millionen Einwohner).

Vergleichsweise wenig Flüchtlinge in der EU

Der Beitrag der EU zur Aufnahme von Flüchtlingen nahm sich 2014 vergleichsweise bescheiden aus. EU-weit wurden rund 600.000 Asylanträge gestellt, davon rund 30 Prozent in Deutschland. Man kann davon ausgehen, dass sich diese Zahl beträchtlich erhöhen wird. Nicht erfasst sind dabei auch jene Migranten, die noch nicht registriert sind oder noch keinen Asylantrag stellen konnten oder wollten. Doch selbst wenn man von exorbitanten Steigerungsraten, einer hohen Dunkelziffer und vielen Migranten mit ungeklärtem oder prekärem Aufenthaltsstatus ausgeht, ist der Beitrag der Europäischen Union und sogar Deutschlands zur Bewältigung der globalen Flüchtlingskrise bislang relativ bescheiden.

Das gilt sogar für die Verteilung innerhalb der EU und der in das Dublin-System einbezogenen europäischen Nicht-EU-Staaten, auch wenn natürlich nicht zu bestreiten ist, dass Deutschland in absoluten Zahlen mit Abstand am meisten Flüchtlinge aufnimmt. Bei einem Bevölkerungsvergleich lesen sich die Zahlen aber bereits etwas anders. Nimmt man die gestellten Asylanträge pro Kopf der Bevölkerung im Jahr 2014, dann liegt Deutschland mit 2,1 Anträgen pro 1.000 Einwohnern lediglich an siebter Stelle, an der Spitze liegt Schweden mit 7,8 Anträgen. Ab dem Sommer 2015 ist der Zustrom nach Deutschland deutlich gestiegen, aber noch immer liegt Schweden deutlich vorn.

Der beschwerliche Weg aus dem Elend

Da es für Flüchtlinge aus Afrika und Asien so gut wie keine Möglichkeit gibt, auf legalem Weg nach Europa zu gelangen, sind die meisten auf den beschwerlichen und oft lebensgefährlichen Weg über das westliche, zentrale oder östliche Mittelmeer angewiesen. Ferner gibt es Landwege, die, ausgehend von der Türkei, über Georgien, Russland und die Ukraine an die EU-Grenzen führen sowie über Russland nach Finnland oder Norwegen. Doch im Vergleich zu der Flucht über das Mittelmeer spielt das zahlenmäßig noch keine große Rolle.

Das zeitweise rigide Vorgehen der europäischen Grenzschutzagentur FRONTEX im Seegebiet zwischen Libyen und Italien und die hohe Zahl der auf der Flucht auf den meist seeuntüchtigen Schiffen verunglückten Flüchtlinge führten zu einer Ausweichbewegung. Besonders Migranten aus Syrien, aber auch aus Afghanistan und dem Irak versuchen, sich auf dem Landweg in die Türkei zu begeben, um von dort die kurze, aber dennoch nicht ungefährliche Seepassage auf eine der griechischen Inseln zu nehmen. Zahlenmäßig geringere Bedeutung haben die Seerouten von Westafrika zu den Kanarischen Inseln, nach Malta sowie die Versuche, über die auf dem nordafrikanischen Festland gelegenen spanischen Enklaven Melilla und Ceuta in die EU zu gelangen.

Aufgrund des stetig steigenden Andrangs sind Griechenland und Italien schon lange nicht mehr in der Lage, alle angekommenen Flüchtlinge zu beherbergen und zu versorgen oder auch nur vollständig zu registrieren. Da beide Länder in dieser Frage von den anderen EU-Staaten komplett im Stich gelassen wurden, gingen die Behörden Griechenlands und Italiens dazu über, den ankommenden Flüchtlingen den Transit in Richtung Norden zu gestatten.

Die »Balkanroute«

Griechenland ist Ausgangspunkt der sogenannten Balkanroute, deren Verlauf sich in den vergangenen Monaten durch die mehrfache Änderung der Transit- und Aufnahmepolitik der betroffenen Anrainerstaaten immer wieder geändert hat und voraussichtlich auch weiterhin ändern wird.

Der Hauptweg führte zunächst über die Nicht-EU-Länder Mazedonien und Serbien nach Ungarn und von dort weiter nach Österreich und schließlich Deutschland. Da sich Ungarn kategorisch weigerte, Flüchtlinge aufzunehmen, und schließlich auch seine Grenze zu Serbien komplett mit Sperranlagen abriegelte, verlagerte sich die Route nach Kroatien und von dort weiter über Slowenien nach Österreich. Doch für den Fall, dass auch diese Wege komplett oder weitestgehend verschlossen werden sollten, gibt es Alternativen, zum Beispiel über Bosnien, Albanien, Rumänien, die Ukraine, die Slowakei und schließlich Tschechien und Polen.

Die Versuche einiger Transitländer, die Grenzen ohne europaweite Koordination zeitweilig zu schließen, erwiesen sich als weitgehend untauglich zur Eindämmung der Flüchtlingsströme. Zeitweise zehntausende Flüchtlinge kampierten ohne Unterbringung und Versorgung an Grenzübergängen, und es wurden täglich mehr. Ein Zurück gab es nicht, da auch die Vor-Transitländer eine Wiedereinreise ablehnten und sich zudem die meisten EU-Länder kategorisch weigern, Flüchtlinge im Rahmen einer verbindlichen europäischen Verteilungsquote aufzunehmen. Erneut würden Griechenland beziehungsweise Italien mit dem Problem allein stehen.

Vor diesem Hintergrund entschlossen sich Österreich und Deutschland, die Grenzen zeitweilig zu öffnen, da die europäischen Regularien, laut denen die Registrierung und Aufnahme in dem EU-Land stattfinden muss, in das der Flüchtling zuerst gelangt ist, nicht mehr durchzusetzen waren. Die Grenzöffnung war also keineswegs eine Kehrtwende in der Flüchtlingspolitik dieser Länder, sondern eine Notmaßnahme zur Verhinderung einer humanitären Katastrophe, befördert durch Bilder wie die von dem in der Nähe von Wien Ende August aufgefundenen LKW mit über siebzig toten Flüchtlingen.

Fast alle Flüchtlinge aus Afrika und Asien nehmen für ihre Reise die Hilfe von Schlepperbanden in Anspruch, da sie sonst keine Chance hätten, nach Europa zu gelangen. Dafür werden erhebliche Geldsummen gezahlt, schon die relativ kurze Passage in einem Schlauchboot von der Türkei zu einer griechischen Insel kann – je nach aktueller »Konjunktur« – 1.000 Euro und mehr kosten, ein »Haus-zu-Haus«-Service von Syrien oder dem Iran nach Deutschland auch 20.000 Euro und mehr. Doch letztlich funktioniert und boomt diese Form der organisierten Kriminalität nur, weil es keine Form der geregelten Einwanderung von Flüchtlingen aus den Krisenländern gibt.

Gescheiterte Abschottung: Das Dublin-Abkommen

Versuche Deutschlands und der gesamten EU, sich gegen Flüchtlinge abzuschotten, gibt es seit Jahrzehnten. In Deutschland wurde das Asylrecht 1993 dahingehend geändert, dass alle unmittelbar an Deutschland grenzenden Länder als »sichere Drittstaaten« definiert wurden und ein Transit durch diese Länder eine Aufnahme als Flüchtling weitgehend ausschloss. Weitere Länder wurden als »sichere Herkunftsstaaten« definiert, bei denen nicht von Verfolgung im Sinne des Asylrechts und der UN-Flüchtlingskonvention ausgegangen wurde. Das Prinzip der Einzelfallprüfung blieb allerdings bestehen, alles andere wäre auch ein krasser Rechtsbruch gewesen.

Auf europäischer Ebene dienten vor allem das Dubliner Übereinkommen (DÜ) und der Aufbau der Grenzschutzagentur

FRONTEX dem Ziel, Flucht nach Deutschland beziehungsweise in die EU zu erschweren.

Das DÜ wurde als völkerrechtlicher Vertrag von den damals zwölf EU-Mitgliedern im Juni 1990 unterzeichnet und trat im September 1997 in Kraft. Die Unterzeichner verpflichteten sich, dass Asylverfahren künftig nur noch in dem Staat durchgeführt werden, in den der Flüchtling nachweislich zuerst eingereist ist. Wer in einem der Dublin-Länder bereits einen Asylantrag gestellt hat, kann dies in keinem anderen Land mehr tun, und er darf ohne Einzelfallprüfung in das Erstantragsland zurückgeführt werden. In besonderen humanitären Notsituationen kann von diesen Regeln abgewichen werden. 2003 und 2013 (Dublin II und Dublin III) wurde das Abkommen novelliert und auch auf die Nicht-EU-Staaten Norwegen, Island, Schweiz und Liechtenstein ausgeweitet.

Bei konsequenter Anwendung würden der geänderte Asylrechtsartikel und das Dublin-Abkommen bedeuten, dass praktisch kein Flüchtling, der Deutschland oder Österreich auf dem Landweg erreicht, dort einen Asylantrag stellen könnte. Angesichts der deutlich gestiegenen Fluchtbewegungen nach Europa ist das eine nicht nur absurde, sondern – wie sich derzeit zeigt – eine nicht umsetzbare Vorstellung, es sei denn Deutschland, Österreich und Skandinavien als begehrte Aufnahmeländer würden humanitäre Katastrophen in anderen Teilen Europas in Kauf nehmen.

Jetzt erweist sich, dass das Dublin-Abkommen an einem entscheidenden Punkt eine Fehlkonstruktion ist. Denn es wurde versäumt, verbindliche Aufnahmequoten für alle Länder der EU festzulegen, um die Überforderung der Hauptankunftsländer zu verhindern. Das soll jetzt nachgeholt werden, bislang allerdings mit wenig Erfolg.

Festung Europa:
Die Grenzagentur FRONTEX

Die Europäische Agentur für die operative Zusammenarbeit an den Außengrenzen der Mitgliedsstaaten der Europäischen Union wurde im Juni 2004 vom Rat der EU aus der Taufe gehoben. Laut der entsprechenden EU-Verordnung ist FRONTEX in erster Linie für die Sicherung der europäischen Land- und Seeaußengrenzen zuständig, immerhin 12.000 beziehungsweise 45.000 Kilometer. Vor allem soll die illegale Einreise von Migranten verhindert werden, auch mit polizeilichen und quasi-militärischen Mitteln. FRONTEX unterstützt ferner die Aus- und Weiterbildung von Grenzschutzkräften in den Mitgliedsstaaten und leistet technologische Hilfe für den Ausbau von Grenzsicherungen.

Zum Hauptoperationsgebiet von FRONTEX wurden bald die Fluchtrouten auf dem Mittelmeer. Dort operierten die Kräfte der Agentur stellenweise mit unfassbarer Brutalität. Es sind etliche Fälle dokumentiert, bei denen offensichtlich havarierte Flüchtlingsboote auf offener See mit Rammmanövern und teilweise auch Schusswaffeneinsatz zur Umkehr gezwungen wurden, ohne dass die Flüchtlinge auch nur mit Schwimmwesten, Wasser oder sonstiger Notverpflegung ausgestattet wurden. Viele tausend Tote im Mittelmeer sind mittelbar oder unmittelbar auf FRONTEX-Einsätze zurückzuführen; die internationalen Standards der Seenotrettung wurden ebenso konsequent ignoriert wie die Genfer Flüchtlingskonvention, der alle EU-Länder beigetreten sind. Demnach wären die Grenzschützer verpflichtet, jedem Flüchtling, den sie auf dem offenen Meer oder an den Landgrenzen aufgreifen, die Stellung eines Asylantrags zu ermöglichen.

Das massenhafte tödliche Elend vor der eigenen Haustür veranlasste die italienische Regierung im Oktober 2013, die humanitäre Operation »Mare Nostrum« zu starten. Marineschiffe wurden zur Seenotrettung und Notversorgung von Flüchtlingen ins Mittelmeer entsandt, sie wurden nicht abgedrängt, sondern zu

Häfen auf italienischem Territorium eskortiert. Italiens Bitte an die anderen EU-Staaten, die Mission finanziell und logistisch zu unterstützen, stieß auf keinen Widerhall. Der Journalist Heribert Prantl kommentierte dies in der *Süddeutschen Zeitung* am 29. August 2014 mit den treffenden Worten: »Es ist beschämend, dass die mit dem Friedensnobelpreis ausgezeichnete EU nicht einmal gewillt ist, die Kosten für das grandiose italienische Rettungsprogramm Mare Nostrum zu übernehmen. (…) Europas Politiker waschen sich ihre Hände in Unschuld – in dem Wasser, in dem die Flüchtlinge ertrinken.« Italien beendete »Mare Nostrum« am 31. Oktober 2014. Nach Schätzungen der Internationalen Organisation für Migration (IOM) konnten durch den humanitären Marineeinsatz insgesamt rund 150.000 Menschen, die ihre Reise größtenteils in Libyen begonnen hatten, gerettet werden.

Als Nachfolge gab es die »Operation Triton« – wieder unter Federführung von FRONTEX. Allerdings wurde die Seenotrettung auf offener See weitgehend eingestellt, Triton konzentrierte sich auf die küstennahen Gebiete, was die Anzahl der ertrunkenen Flüchtlinge im Mittelmeer wieder drastisch ansteigen ließ.

Erst im Frühjahr 2015 reagierte die Union auf einem Sondergipfel der Europäischen Staats- und Regierungschefs auf die Tragödie und beschloss am 23. April einen umfassenden humanitären Einsatz zur Rettung und Versorgung Schiffbrüchiger, an dem sich auch die deutsche Marine mit mehreren Einheiten beteiligte. Die Operation »European Union Naval Force – Mediterranean« soll sich über mehrere Phasen erstrecken und im zweiten Schritt auch gezielt gegen Schlepperbanden aktiv werden. In der dritten Phase soll schließlich militärisch gegen Schlepper und ihre Infrastruktur auch in den Herkunftsländern vorgegangen werden. Dazu bedarf es allerdings eines Mandats der UN.

Es ist eine Tatsache, dass umfangreiche Seenotrettungsprogramme im Mittelmeer die Risiken der Flucht verringern (obwohl es nach wie vor viele Todesopfer gibt). Dies könnte auch einen (schwer messbaren) Beitrag zum deutlichen Ansteigen der

Flüchtlingszahlen ab dem Frühjahr 2015 geleistet haben. Die Alternative wäre allerdings gewesen, auf unabsehbare Zeit jeden Monat viele tausend tote Flüchtlinge vor den Toren Europas in Kauf zu nehmen, was für eine auf humanistischen und zivilisatorischen Grundwerten beruhende Staatengemeinschaft wie der EU ein Ding der Unmöglichkeit sein sollte.

Krieg, Elend, Massenflucht – sind wir mitverantwortlich?

Die Ursachen der weltweit steigenden Flüchtlingszahlen und der Migration nach Europa sind zu komplex, um sie im Rahmen dieses Buches tiefer gehend beleuchten zu können. Krieg und Bürgerkrieg, Terror durch paramilitärische Gruppen und innerstaatliche Repressionsapparate gehören ebenso dazu wie Hungersnöte und Naturkatastrophen. Klima- und Migrationsforscher warnen seit langem, dass die derzeitigen Flüchtlingsströme angesichts der drohenden Folgen des Klimawandels, die – je nach geographischer Lage – zur Überflutung oder Versteppung großer Regionen bis hin zu ganzen Staaten führen könnten, nur ein kleiner Vorgeschmack auf künftige Völkerwanderungen sein werden.

Nach Europa kommen jedenfalls derzeit die meisten Flüchtlinge aus den großen Kriegs- und Krisenregionen Afrikas und Asiens, besonders nach Deutschland zudem relativ viele Menschen aus den Staaten des westlichen Balkans (mit deutlich sinkender Tendenz).

Zwar wäre es übertrieben, Deutschland die Hauptschuld an all diesen Krisen zuzuschreiben, doch eine gewichtige Mitverantwortung ist unschwer zu erkennen. Deutschland ist als Mitglied der NATO Teil eines Militärbündnisses, welches seit dem Zerfall des sozialistischen Lagers und seiner Militärallianz, dem Warschauer Vertrag, zunehmend aggressiver in vielen Regionen der Welt um Einflusssphären kämpft. Längst hat sich Deutschland von der den Ergebnissen des Zweiten Weltkriegs geschuldeten jahrzehntelangen Zurückhaltung bei Militäreinsätzen »emanzipiert«. Bei den NATO-Aggressionen gegen Jugoslawien und Afghanistan spielte Deutschland im Windschatten der USA sogar eine wesentliche Rolle. Und auch bei den Überfällen auf den

Irak und auf Libyen, an denen sich Deutschland nicht direkt mit Streitkräften beteiligte, wurde umfangreiche Unterstützung im Bereich der Spionage und der Logistik gewährt.

Die Zerschlagung Jugoslawiens

Im Fall Jugoslawien gehörte Deutschland zweifellos zu jenen treibenden politischen Kräften, die bereits vor Beginn des eindeutig völkerrechtswidrigen Krieges besonders viel Öl ins Feuer gossen, um das geopolitische Ziel, die Zerschlagung des Vielvölkerstaates und die Anbindung seiner Überreste an das westliche Bündnis, zu erreichen. Zunächst auf politischer Ebene wurde alles getan, um die Sezessionsbewegungen in Jugoslawien tatkräftig zu unterstützen. Die schnelle Anerkennung Sloweniens und Kroatiens als souveräne Staaten im Dezember 1991 wirkte wie ein Brandbeschleuniger, zog die Eskalation im Bürgerkrieg in Bosnien-Herzegowina nach sich und mündete schließlich in den Krieg gegen Rest-Jugoslawien, dessen zentrales Ergebnis die faktische Abtrennung des Kosovo und dessen zeitweilige Umwandlung in ein EU-Protektorat war.

Bis 2006 entstanden aus Jugoslawien sechs völkerrechtlich anerkannte Nationalstaaten: Slowenien, Kroatien, Bosnien-Herzegowina, Montenegro, Mazedonien und Serbien. Zwei Jahre später erklärte sich auch Kosovo für unabhängig, was aber bis heute von rund einem Drittel der UN-Mitgliedsstaaten nicht anerkannt wird.

Während dem »Kriegsgegner« Serbien nach Beendigung des Krieges die Rolle des politisch und ökonomisch weitgehend geächteten Parias anheimfiel, profitierten die anderen neuen Westbalkanstaaten von massiver Aufbauhilfe der EU. Slowenien und Kroatien erreichten auf dieser Grundlage inzwischen eine deutlich positive ökonomische Entwicklung und auch eine gewisse politische Konsolidierung, die eine Mitgliedschaft in der EU ermöglichte. Doch die anderen ex-jugoslawischen Kleinstaaten sowie das verbündete Albanien sind weit davon entfernt und zudem strukturell weitgehend von korrupten Eliten beherrscht. In den Fällen Albanien und Kosovo wird sogar seitens der EU eingeräumt, dass dort eher organisierte Kriminalität herrscht – statt auch nur rudimentärer rechtsstaatlicher Strukturen. Entsprechend desaströs sind dort die Lebensbedingungen für große Teile der Bevölkerung, dazu kommt eine strukturelle Diskriminierung einzelner Volksgruppen, besonders der Sinti und Roma (das gilt auch für Serbien).

Der »arabische Frühling«

Vor diesem Hintergrund kann man die jüngsten Fluchtwellen aus dem Westbalkan, aber auch aus Afghanistan und dem Irak mit Fug und Recht als teilweise hausgemacht bezeichnen. Das gilt auch, obwohl weniger eindeutig, für Syrien. Als Proteste und innere Unruhen im Rahmen des »arabischen Frühlings« auch in Syrien eskalierten und Formen eines Bürgerkriegs annahmen, legte sich der Westen – und auch Deutschland – sehr schnell darauf fest, den gewaltsamen Sturz des Präsidenten Baschar al-Assad anzustreben. Zwar gab es keine direkte militärische Intervention nach dem Vorbild des Iraks und Libyens, doch verschiedene paramilitärische Oppositionsgruppen wurden mit Waffen versorgt und ausdrücklich ermuntert, den Kampf bis zum Sturz von Assad fortzusetzen. Bei der Wahl seiner Verbündeten war der Westen – wie so oft – nicht sonderlich wählerisch. Zum Widerstand gegen Assad zählten (und zählen) zahlreiche islamistische Gruppen, teilweise mit Verbindungen zum Terrornetzwerk al-Qaida. Aus diesen Strömungen entwickelte sich schließlich, wie auch im Irak, eine international vernetzte Terrorarmee neuer Qualität und Quantität – der »Islamische Staat (IS)«. Zwar gilt der IS mittlerweile auch im Westen als ernsthafte Bedrohung und wird militärisch bekämpft, sei es durch Luftangriffe oder durch deutsche Waffenlieferungen und Ausbildungshilfen für die kurdischen Peschmerga. Doch im Syrien-Konflikt gelten Assad und seine Anhänger dem Westen nach wie vor als »gleichrangiger Feind«. Auch ließ und lässt man den NATO-Partner Türkei gewähren, der den IS mehr oder weniger offen in seinem Kampf gegen die syrischen Kurden und auch darüber hinaus unterstützte. Da man derzeit die Türkei massiv umgarnt, um sie in die Abschottungspolitik gegen Flüchtlinge einzubinden, wird sich daran auch nichts ändern. Im Gegenteil: Längst hat der staatliche Terror gegen die kurdische Bevölkerung auch wieder das irakische und türkische Staatsgebiet erreicht. Eine Befriedung des syrischen Bürgerkriegs und daraus folgend eine Eindämmung der Massenflucht aus Syrien ist unter dieser Voraussetzung auch auf längere Sicht nicht zu erreichen.

Deutsche Waffen in Krisengebiete

Nicht zuletzt sollte man zwei weitere elementare und eindeutig fluchtfördernde Elemente der deutschen Außen- und Wirtschaftspolitik betrachten. Die Rüstungsexporte erreichen immer neue Rekordwerte, in der weltweiten Ausfuhrstatistik belegt Deutschland Platz vier hinter den Großmächten USA, Russland und China, aber deutlich vor den früheren europäischen Marktführern Frankreich und Großbritannien. Trotz gegenteiliger Beteuerungen der jeweiligen Bundesregierungen gehen viele Exporte unmittelbar oder mittelbar in Krisengebiete. So wurde im Oktober 2015 bekannt, dass hochmoderne Kampfpanzer und Panzerhaubitzen an Katar geliefert werden. Das Emirat ist als Verbündeter Saudi-Arabiens (das ebenfalls viele deutsche Waffen erhalten hat) aktiv am Bürgerkrieg im Jemen beteiligt. Es wird bestimmt nicht mehr lange dauern, dass auch viele Jemeniten versuchen werden, vor deutschen Panzern nach Deutschland zu fliehen.

Auch für wirtschaftliche Verwerfungen in Teilen Afrikas bis hin zu Hungersnöten trägt Deutschland ein gutes Stück Verantwortung. Durch Lebensmittelexporte der hochproduktiven und mit Milliardenbeihilfen subventionierten deutschen Landwirtschaft in Länder wie Ghana und Kamerun wird die Existenzgrundlage der einheimischen Kleinbauern nachhaltig zerstört. Erwerbsalternativen gibt es für die meisten ebenso wenig wie auch nur minimale soziale Abfederung. Diese – auch von anderen EU-Staaten betriebene – Exportpolitik ist eine der vielen globalen Fluchtursachen, wobei es den Familien von armen Kleinbauern nur in Ausnahmefällen gelingen wird, einen oder mehrere Familienmitglieder auf die teure Reise nach Europa zu schicken.

Wie anfangs erwähnt: Die globalen Ursachen der wachsenden Flüchtlingsströme sind zu komplex, um sie an dieser Stelle genauer zu untersuchen. Aber zumindest die halbe Wahrheit ist, dass Deutschland und die gesamte EU jetzt auch die Suppe auslöffeln müssen, die sie sich und anderen zubereitet haben.

Wer kommt nach Deutschland?

Bis Ende September 2015 registrierte das Bundesamt für Migration und Flüchtlinge (BAMF) für das laufende Jahr rund 300.000 Anträge auf Asyl beziehungsweise Anerkennung als Flüchtling, das ist gegenüber dem Vorjahreszeitraum eine Steigerung um 125 Prozent. Die Zahl wird bis zum Jahresende noch beträchtlich steigen, weil zum einen der Zustrom bislang unvermindert anhält und zum anderen viele Ankömmlinge wegen der Überlastung der zuständigen Behörden noch gar keinen Asylantrag stellen konnten.

Die Verteilung der Flüchtlinge nach Herkunftsländern hat sich im Laufe des Jahres deutlich geändert. Bezogen auf die ersten neun Monate des Jahres beträgt der Anteil der Syrer an den Asylsuchenden 25,6 Prozent, gefolgt von Albanien (16,25 Prozent) und dem Kosovo (11,8 Prozent), die weiteren Plätze belegten Flüchtlinge aus Afghanistan, dem Irak, Serbien, Mazedonien und Eritrea. Doch im Monat September ergab sich bereits ein deutlich verändertes Bild. Der Anteil der Syrer betrug 40,9 Prozent, Albanien blieb zwar stabil, aber die Kosovaren machten nur noch 1,5 Prozent der Antragsteller aus, hingegen stiegen die Anteile der Flüchtlinge aus Afghanistan, dem Irak und Eritrea deutlich.

Betrachtet man nicht nur diejenigen, die bereits einen Asylantrag gestellt haben, sondern alle registrierten Flüchtlinge, wird die Tendenz noch deutlicher. Demnach stammten im August fast 70 Prozent aus Syrien, Afghanistan, dem Irak und Eritrea. Dazu kommen kleinere Gruppen aus Mali, Nigeria, Somalia und dem Iran – also ebenfalls Ländern, in denen Verfolgung und Gefahr für Leib und Leben durch den Staat oder herrschende Milizen zumindest nicht auszuschließen ist. Bis zu drei Viertel aller neu ankommenden Flüchtlinge können also berechtigterweise Schutz als Flüchtling nach der Genfer Konvention und dem Grundgesetz geltend machen, unabhängig von der Frage, ob ihnen nach Abschluss des Verfahrens eine Asylberechtigung erteilt wird oder nicht.

Kaum Chancen für Balkanflüchtlinge

Fasst man die in der Diskussion oft pauschal als »Wirtschaftsflüchtlinge« bezeichneten Migranten aus allen Ländern des westlichen Balkans zusammen, so betrug deren Anteil an den Asylanträgen im September 23,1 Prozent, während es im Gesamtzeitraum knapp 36 Prozent waren. Aufgrund der weiterhin sinkenden Anteile bei den Neuankömmlingen wird diese Quote weiter deutlich sinken. Dies hat mehrere Gründe. Zum einen spricht sich in diesen Ländern allmählich herum, dass es in Deutschland so gut wie keine Chance auf eine Anerkennung als Flüchtling gibt, die Anerkennungsquoten liegen bei 0,1 bis 0,2 Prozent. Zudem sollen die Antragsteller aus diesen Staaten nicht mehr nach dem üblichen Schlüssel auf die Kommunen verteilt, sondern in speziellen Zentren zusammengefasst werden, wo die Anträge deutlich schneller bearbeitet und entschieden werden sollen. Durch die Umwandlung von Geldleistungen für Asylbewerber (»Taschengeld«) in reine Sachleistungen sollen ferner tatsächliche oder vermutete materielle Anreize für Migranten aus dem Westbalkan ausgeschaltet werden. Abgeschobenen Asylbewerbern droht außerdem eine mehrjährige Einreisesperre in alle Länder des »Schengen-Raums«, dem der Großteil der EU-Länder sowie die Schweiz, Island, Liechtenstein und Norwegen angehören. Bislang gilt für diese Länder Visafreiheit bei der Einreise in diese Länder. Diese kann von Deutschland nicht auf eigene Faust aufgehoben werden, da diese Entscheidung der EU obliegt. Da es mit allen Staaten des Westbalkans mehr oder weniger weit gediehene Verhandlungen über eine engere Anbindung an die EU bis hin zu einer »Beitrittsperspektive« gibt, ist derzeit nicht damit zu rechnen, dass eine generelle Aufhebung der Reisefreiheit für Bürger dieser Staaten auf den Weg gebracht werden könnte.

Nicht durchgesetzt haben sich CDU und CSU mit ihrer Forderung nach der Einrichtung sogenannter Transitzonen an der deutschen Grenze zu Österreich, über die die meisten Migranten aus dem Westbalkan einreisen. Dort würden Ankömmlinge quasi kaserniert und am Betreten des deutschen Staatsgebiets gehindert werden, bis über ihren Antrag entschieden ist. Neben rechtlichen (auch völkerrechtlichen) Zweifeln an der Zulässigkeit dieser Einrichtung wurde von Kritikern auch die Praktikabilität in Frage gestellt. Wer als potenzieller Flüchtling die Kasernierung an den großen Grenzübergängen umgehen will, würde sich andere Wege über die Grenze suchen, die eine Gesamtlänge von 815 Kilometern hat. In letzter Konsequenz müsste diese Grenze mit aufwendigen Sperranlagen abgeschottet werden, was auch den zwischen Deutschland und Österreich allgegenwärtigen kleinen Grenzverkehr zum Erliegen bringen würde.

Angesichts der realen Zahlen ist die von interessierten politischen Kreisen forcierte Fokussierung auf die Flüchtlinge aus dem Westbalkan jedenfalls nicht zu rechtfertigen. Selbst wenn es gelingen sollte, den Zustrom aus diesen Ländern durch die skizzierten Maßnahmen signifikant zu verringern und auch die Rückführung abgelehnter Bewerber zu beschleunigen, ist das bestenfalls ein Mosaikstein bei der Bewältigung der Flüchtlingskrise.

Mehr Jüngere als Ältere, mehr Männer als Frauen

Trotz erheblicher Unterschiede zwischen den einzelnen Migrantengruppen ist eine Tendenz eindeutig: Flüchtlinge sind im Durchschnitt deutlich jünger als die deutsche Bevölkerung. Ganz grob gerastert, ergeben die Zahlen der Bundesbehörde folgendes

Bild: Ein Viertel sind Kinder, ein Viertel Jugendliche zwischen 16 und 25, ein weiteres Viertel junge Erwachsene bis 35 Jahre. Weniger als ein Prozent ist über 65 Jahre. Dazu die Vergleichszahlen der deutschen Bevölkerung: 14 Prozent Kinder, 10 Prozent bis 25 Jahre, 12,5 Prozent bis 35 Jahre und am oberen Ende der Alterspyramide 21 Prozent über 65 Jahre.

Deutliche Unterschiede gibt es auch bei der Geschlechterverteilung. Während diese in Deutschland, wie in fast allen entwickelten Ländern, weitgehend ausgeglichen ist (außer in der Altersgruppe über 65), stammen fast 70 Prozent aller in Deutschland gestellten Asylanträge von männlichen Personen. Rechnet man die (tendenziell weiter sinkenden) Antragsteller aus dem Westbalkan, wo die Verteilung annähernd ausgeglichen ist, heraus, liegt der Anteil noch deutlich höher, in der Gruppe der 16- bis 35-Jährigen liegt der Männeranteil sogar bei annähernd 80 Prozent. Ferner fällt auf, dass der Frauenanteil bei Flüchtlingen aus extremen Krisenregionen, wie Syrien, Afghanistan und Eritrea, besonders gering ist.

Der deutlich überproportionale Anteil junger Männer im besten arbeitsfähigen Alter wird oftmals als Beleg dafür gesehen, dass es sich letztlich doch um Wirtschaftsflüchtlinge handelt, die keinen Asylanspruch haben. Wenn Frauen und ältere Menschen in ihren Heimatländern bleiben, dann könne die Verfolgung und Bedrohung ja wohl nicht so gravierend sein wie behauptet würde, lautet ein verbreitetes Argumentationsmuster.

Dass sich hauptsächlich alleinreisende junge Männer auf den Weg nach Europa begeben, hat jedoch naheliegende materielle und praktische Gründe. In den meisten Familien – selbst der örtlichen Mittelschicht – reichen die materiellen Ressourcen nicht aus, um die horrenden Kosten für die Flucht aller Familienmitglieder aufzubringen. Den jungen Männern wird von den Familien am ehesten zugetraut, die Strapazen und Gefahren der oftmals monatelangen Flucht zu bewältigen, vor denen besonders Frauen mit Kindern bewahrt werden sollen. Ferner sind Männer in vielen Fluchtländern im Durchschnitt wesentlich besser ausgebildet als Frauen, was die Chancen erhöhen könnte, im Zielland Arbeit zu finden und die Familie unterstützen zu können. Das korrespondiert auch mit dem gerade in der muslimischen Welt verbreiteten traditionellen Verständnis des Mannes als Familienoberhaupt und Ernährer der Familie.

Und es gibt weitere Faktoren: Junge Männer sind in Gebieten, in denen Krieg oder Bürgerkrieg herrscht, einem sehr hohen Risiko ausgesetzt, bei Kampfhandlungen oder »Säuberungsaktionen« in umkämpften Gebieten ihr Leben zu verlieren. Wenig bekannt ist auch, dass die erste Etappe der Flucht, besonders in Syrien, oft von der ganzen Familie absolviert wird, zunächst auf der (oftmals vergeblichen) Suche nach einem sicheren Ort innerhalb des Landes und schließlich in ein Flüchtlingslager in den Nachbarstaaten, wo katastrophale Zustände herrschen und keinerlei sichere Lebensperspektive erkennbar ist. Dort vertraut sich dann das vermeintlich robusteste Familienmitglied den Schleppern an, die es nach Europa bringen sollen.

Auch sind Frauen bei der Flucht, besonders wenn sie allein reisen, besonderen Gefahren ausgesetzt. Laut der UN-Flüchtlingshilfeorganisation UNHCR besteht für Frauen auf vielen Fluchtrouten ein hohes Risiko, sexuell missbraucht oder verschleppt zu werden. Entsprechende Fälle seien sogar aus Flüchtlingslagern in den Nachbarstaaten Syriens bekannt geworden. Dort würden alleinreisende Frauen zudem oftmals nicht als Haushaltsvorstand anerkannt und von der Lebensmittelversorgung für sich und ihre Kinder ausgeschlossen.

Befragungen von Flüchtlingen in Deutschland haben ergeben, dass sie so schnell wie möglich ihre Frauen und/oder andere Mitglieder der Familien nachholen wollen. Dies ist jedoch ein steiniger Weg, weil als Voraussetzungen nicht nur die Anerkennung als Asylberechtigter, sondern auch ausreichender Wohnraum und Nachweise über ausreichende Arbeitseinkünfte erbracht werden müssen.

Vom Analphabeten bis zum Universitätsdozenten

Bis vor kurzem wurden der Bildungsstand und die berufliche Qualifikation und Erfahrung von Flüchtlingen nicht systematisch erfasst. Doch allmählich vermitteln verschiedene Erhebungen ein ungefähres Bild, das aber nur eingeschränkt aussagekräftig ist. Denn in vielen Fällen basieren die Erhebungen auf freiwilligen Eigenangaben, die noch nicht verifiziert werden konnten, weil entsprechende Dokumente über Schulabschlüsse oder Universitätsbesuche fehlen. Auch sind viele begrifflich identische Qualifikationen nicht unbedingt mit denen in Deutschland erzielten Abschlüssen zu vergleichen.

Laut Daten des Bundesamtes für Migration und Flüchtlinge (BAMF) verfügen 90 Prozent der 2014 und in diesem Jahr angekommenen Flüchtlinge über Schulbildung mindestens auf Grundschulniveau, 35 Prozent haben eine Mittelschule besucht, 16 Prozent gingen auf ein Gymnasium, 15 Prozent waren auf einer Hochschule. Sehr gering ist allerdings der Anteil von Flüchtlingen, die über eine abgeschlossene Berufsausbildung nach deutschem Muster verfügen. Zwar gibt es unter den Flüchtlingen auch Ärzte, Zahnärzte, Ingenieure oder Architekten, die mittel- und teilweise gar kurzfristig keine Probleme haben werden, adäquate Beschäftigungsmöglichkeiten auf dem deutschen Arbeitsmarkt zu bekommen. Die berufliche (Nach-)Qualifikation wird dennoch eine riesige Aufgabe für Arbeitsagenturen, Fortbildungsträger und die Wirtschaft.

Der Bildungsstand unterscheidet sich laut den Daten stark nach Herkunftsland. Besonders gut ausgebildet sind dabei im Durchschnitt die Syrer: Mehr als jeder fünfte syrische Flüchtling in Deutschland hat eine Universität oder Fachhochschule besucht, 22 Prozent waren auf einem Gymnasium und nur drei Prozent verfügten über keinerlei Schulbildung.

Besonders auf Syrien bezogen, sind diese Zahlen durchaus schlüssig. Bis zum Kriegsausbruch im Frühjahr 2011 galt das syrische Bildungssystem als vorbildlich für die gesamte arabische Welt. Es bestand Schulpflicht für alle Kinder zwischen sechs und 15 Jahren, die tatsächliche Einschulungsrate lag bei annähernd 100 Prozent, auch für Mädchen. Mehr als zwei Drittel der Kinder besuchten weiterführende Schulen. Da könnte sich so manch Bezirk in deutschen Großstädten ein paar Scheiben von abschneiden.

Flüchtlinge unter dem Schutz von Völkerrecht und Grundgesetz

Angesichts der starken Zuwanderung nach Deutschland herrscht in der öffentlichen Diskussion eine nahezu babylonische Sprachverwirrung. Die Rede ist hauptsächlich von Asylanten, Flüchtlingen, Wirtschaftsflüchtlingen und Migranten, Einwanderern beziehungsweise illegalen Einwanderern. Keiner dieser Begriffe taugt auch nur annähernd, um jene Menschen, die derzeit in beträchtlichen Größenordnungen nach Deutschland kommen, in ihrer Gesamtheit zu bezeichnen. Dagegen bieten sowohl das Völkerrecht, die Europäische Charta der Menschenrechte, das deutsche Grundgesetz als auch das Asylverfahrens- und das Aufenthaltsgesetz relativ präzise Definitionen der verschiedenen Arten der Zuwanderung.

Wer aus politischen Gründen nach Deutschland flieht, kann sich zunächst einmal auf den Artikel 16a des Grundgesetzes berufen. Dort heißt es im Absatz 1 kurz und bündig: »Politisch Verfolgte genießen Asylrecht.« Im Absatz 2 folgt allerdings postwendend eine gravierende Einschränkung: »Auf Absatz 1 kann sich nicht berufen, wer aus einem Mitgliedstaat der Europäischen Gemeinschaften oder aus einem anderen Drittstaat einreist, in dem die Anwendung des Abkommens über die Rechtsstellung der Flüchtlinge und der Konvention zum Schutze der Menschenrechte und Grundfreiheiten sichergestellt ist.« Dem Gesetzgeber wird das Recht eingeräumt, mit Zustimmung des Bundestages und des Bundesrats Staaten zu bestimmen, »bei denen auf Grund der Rechtslage, der Rechtsanwendung und der allgemeinen politischen Verhältnisse gewährleistet erscheint, dass dort weder politische Verfolgung noch unmenschliche oder erniedrigende Bestrafung oder Behandlung stattfindet«. Diese Regelung ist vor allem für die Staaten des westlichen Balkans relevant. In zwei Stufen wurden mittlerweile Serbien, Mazedonien, Bosnien-Herzegowina, Montenegro, Albanien und das Kosovo als sogenannte »sichere Drittstaaten« definiert. Allerdings wird das individuelle Asylrecht für Flüchtlinge aus diesen Staaten zwar eingeschränkt, aber nicht abgeschafft, denn es müssen im Verfahren Tatsachen berücksichtigt werden, »die die Annahme begründen, dass er [der Antragsteller, Anm. d. Verf.] entgegen dieser Vermutung politisch verfolgt wird«.

Wenn Anträge von Asylbewerbern aus diesen Staaten als »offensichtlich unbegründet« gelten, werden das Prüfverfahren und der Rechtsweg gegen ablehnende Bescheide zwar drastisch eingeschränkt, aber nicht komplett ausgehebelt. Gerichte können laut Absatz 4 aufenthaltsbeendende Maßnahmen (also die Abschiebung) aussetzen, »wenn ernstliche Zweifel an der Rechtmäßigkeit der Maßnahme bestehen«. Für rechtskräftig abgelehnte und abgeschobene Bewerber kann allerdings eine jahrelange Wiedereinreisesperre verfügt werden. Der Hinweis auf die Einreise aus einem anderen EU-Mitgliedsstaat als Versagungsgrund für ein Asylverfahren bezieht sich vor allem auf das Dublin-II-Abkommen.

Im Absatz 5 des Grundgesetzartikels wird ferner die Gültigkeit von völkerrechtlichen Verträgen der Mitgliedsstaaten der Europäischen Gemeinschaft untereinander und mit dritten Staaten betont, in denen die »Verpflichtungen aus dem Abkommen über die Rechtsstellung der Flüchtlinge und der Konvention zum Schutze der Menschenrechte und Grundfreiheiten, deren Anwendung in den Vertragsstaaten sichergestellt sein muss«. Das bedeutet, dass sich Deutschland als einer von 147 Unterzeichnerstaaten an die Genfer Flüchtlingskonvention gebunden fühlt. Diese wurde 1951 als Reaktion auf die Flüchtlingsströme nach dem Zweiten Weltkrieg verabschiedet und 1967 durch ein Protokoll ergänzt. Laut Artikel 1A der Konvention ist ein Flüchtling eine Person, die »aus der begründeten Furcht vor Verfolgung wegen ihrer Rasse, Religion, Nationalität, Zugehörigkeit zu einer bestimmten sozialen Gruppe oder wegen ihrer politischen Überzeugung sich außerhalb des Landes befindet, dessen Staatsangehörigkeit sie besitzt, und den Schutz dieses Landes nicht in Anspruch nehmen kann oder wegen dieser Befürchtungen nicht in Anspruch nehmen will«. In bestimmten Fällen (zum Beispiel Ausbürgerung) fallen auch Staatenlose unter diese Definition.

Die Konvention verpflichtet die Unterzeichnerstaaten unter anderem dazu, anerkannten Flüchtlingen einen diskriminierungsfreien Zugang zu Bildung, Arbeit, Wohnungen, sozialer Grundversorgung und rechtlichem Gehör ebenso zu ermöglichen wie die freie Religionsausübung.

Im Artikel 34 der Konvention werden die Staaten ferner angehalten, »die Eingliederung und Einbürgerung der Flüchtlinge so weit wie möglich zu erleichtern. Sie werden insbesondere bestrebt sein, Einbürgerungsverfahren zu beschleunigen und die Kosten dieses Verfahrens so weit wie möglich herabzusetzen.« Zwar lässt sich aus der Konvention nicht zwingend ein individuelles Asylrecht in den Unterzeichnerstaaten ableiten, doch als völkerrechtliche Leitlinie hat diese Vereinbarung zweifellos Gewicht.

Vom Flüchtling zum Asylbewerber

Flüchtlinge, die Deutschland erreicht haben, müssen sich unverzüglich registrieren lassen, bevor sie in das reguläre Verfahren zur Erstaufnahme gelangen. Aufgrund der sprunghaft gestiegenen Zahl der Flüchtlinge sind die zuständigen Behörden derzeit oftmals nicht in der Lage, die Erstaufnahme zeitnah zu bewältigen. So sind beim für das in Berlin bis vor kurzem allein zuständigen Landesamt für Gesundheit und Soziales (LaGeSo) Wartezeiten von mehreren Wochen keine Seltenheit. Wohlgemerkt: nicht für das Asylverfahren, sondern für die Erstaufnahme. Bestenfalls gelingt es, die unregistrierten Neuankömmlinge in provisorischen Notquartieren unterzubringen, um sie vor Obdachlosigkeit zu bewahren – was aber nicht immer funktioniert. Dabei werden kurzfristig auch Hostels, Turnhallen, nicht mehr benötigte öffentliche Liegenschaften, Lagerhallen, leerstehende Gewerbeimmobilien oder auch Kasernen genutzt. Wenn diese Kapazitäten erschöpft sind, was in vielen Kommunen der Fall ist, werden auch Zeltlager errichtet, was allerdings in den Wintermonaten nicht mehr praktikabel ist. Die Versorgung mit dem Notwendigsten, wie Essen, Kleidung und auch medizinische Versorgung, obliegt größtenteils den vielen freiwilligen ehrenamtlichen Helfern. Doch auch nach erfolgter Erstaufnahme bessert sich die Situation der Flüchtlinge nicht grundlegend. Immerhin können sie jetzt offiziell einen Asylantrag beziehungsweise einen Antrag auf Anerkennung als Flüchtling stellen, erhalten eine vorläufige Aufenthaltsgestattung bis zum Abschluss des Asylverfahrens und haben Anspruch auf Leistungen nach dem Asylbewerberleistungsgesetz. Nach drei Monaten dürfen sie einer Arbeit nachgehen, wobei der Arbeitgeber nachweisen muss, dass es für die Tätigkeit keinen vergleichbar geeigneten inländischen oder rechtlich gleichgestellten Bewerber (zum Beispiel aus der EU) gibt. Kinder von Asylbewerbern können Kindertagesstätten besuchen und unterliegen der Schulpflicht – auch das oftmals nur theoretisch. In dieser Phase sollten auch die ersten Integrationsmaßnahmen beginnen, vor allem Sprachkurse und Freizeitaktivitäten. Auch das wird derzeit hauptsächlich von ehrenamtlichen Helfern organisiert, da die Kommunen keine entsprechenden Kapazitäten haben. In den ersten drei Monaten erfolgt die Unterbringung obligatorisch in Sammelunterkünften mit Vollverpflegung, die sich oftmals nur unwesentlich von den Notaufnahmelagern unterscheiden. Doch die Unterbringung in diesen Unterkünften dauert in der Regel wesentlich länger, weil es derzeit schier unmöglich ist, alle Flüchtlinge mit individuellem Wohnraum zu versorgen. So entsteht ein regelrechter Stau.

»Königsteiner Schlüssel« – Wie Flüchtlinge verteilt werden

Ein Flüchtling, der in Deutschland Asyl beantragen will, kann sich natürlich nicht aussuchen, in welchem Bundesland beziehungsweise in welcher Kommune er untergebracht wird. Für die Verteilung auf die Länder gilt der sogenannte Königsteiner Schlüssel, in dem die Aufnahmequoten für jeweils ein Jahr festgelegt werden. Berechnungsgrundlagen sind die Einwohnerzahl und das Pro-Kopf-Steueraufkommen, welches zwei Drittel der Gewichtung ausmacht. Das bedeutet, dass reiche Bundesländer, wie Bayern und Baden-Württemberg, im Vergleich zur Bevölkerungszahl wesentlich mehr Flüchtlinge aufnehmen müssen als beispielsweise Bremen, Berlin oder Mecklenburg-Vorpommern.

Aufgrund der derzeit kaum kurzfristig zu kalkulierenden Zahl der Neuzugänge und den daraus resultierenden logistischen Problemen funktioniert dieser Mechanismus aber keineswegs reibungslos. In einer Untersuchung des Bundesinnenministeriums wurden Ende September 2015 erhebliche Ungleichgewichte für das laufende Jahr festgestellt. So hätte Baden-Württemberg eigentlich 32.000 Asylsuchende unterbringen müssen, bislang hat das Land jedoch nur rund 24.500 aufgenommen. Auch Sachsen hat seine Quote deutlich unterschritten und hat bei einem Soll von 12.578 Flüchtlingen bis Ende September lediglich 7.892 aufgenommen. Dagegen hat Bayern die Quote von 37.000 Migranten deutlich überschritten, tatsächlich nahm der Freistaat 52.000 auf. In diesem Fall ist das Missverhältnis allerdings verständlich, weil die meisten Flüchtlinge derzeit in Bayern die Grenze überqueren. Dennoch drohte Bayerns Innenminister Joachim Herrmann im Oktober bereits mit Flüchtlingstransporten in andere Bundesländer, auch ohne deren Einwilligung. Doch gegen Ende Oktober entspannte sich die Lage wieder, lediglich Niedersachsen trat noch signifikant als »Aufnahmemuffel« in Erscheinung. Das Problem am Königsteiner Schlüssel ist allerdings, dass er die real vorhandenen Aufnahmekapazitäten und infrastrukturellen Voraussetzungen für die Aufnahme nicht berücksichtigt.

Kommunen fühlen sich überfordert

Länder verteilen die Flüchtlinge nach der Erstaufnahme auf Landkreise und Kommunen, bei den Stadtstaaten auf die Bezirke. Das Verfahren ist nicht einheitlich geregelt – und sorgt für wesentlich mehr Zündstoff als der Königsteiner Schlüssel. Die Verteilung erfolgt dirigistisch von oben nach unten, das heißt, kreisfreie Städte und Landkreise bekommen – oftmals kurzfristig – feste Vorgaben für eine bestimmte Anzahl von bereitzustellenden Plätzen. Die Kriterien sind von Land zu Land unterschiedlich, in einigen wird die Zahl der bereits in der Vergangenheit aufgenommenen Flüchtlinge berücksichtigt, in anderen nicht. Bevölkerungszahl und Fläche werden ebenfalls unterschiedlich gewichtet, manchmal gibt es auch gesonderte Feststellungen über leerstehenden beziehungsweise in kommunalem Besitz befindlichen Wohnraum.

Viele Kommunen sind bereits jetzt vollkommen überfordert und klagen, keinerlei Kapazitäten mehr zu haben. In einigen Fällen mussten unbeheizte Lagerhallen genutzt oder Zeltlager errichtet werden, was allerdings aufgrund des nahenden Winters nur für den kurzfristigen Übergang taugt. Eine nachhaltige Lösung der Unterbringungsprobleme ist derzeit noch nicht in Sicht. Dramatisch ist ferner die drastische Zunahme von gewalttätigen Übergriffen auf geplante oder bereits betriebene Flüchtlingsunterkünfte. Im laufenden Jahr wurden bis Ende Oktober rund 60 Brandanschläge registriert, in einigen Fällen brannten die noch nicht bezogenen Unterkünfte komplett aus. Einen kleinen Fortschritt gab es dagegen bei der Finanzierung der Unterbringung. Die Länder und damit letztlich die Kommunen erhalten künftig pro Flüchtling eine Art Kopfpauschale von 670 Euro pro Monat.

Das Asylverfahren

Das Asylverfahren selbst wird vom Bundesamt für Migration und Flüchtlinge (BAMF) durchgeführt. Jede Erstaufnahmeeinrichtung ist einer Außenstelle des Bundesamtes zugeordnet. Dort werden die Personaldaten des Antragstellers aufgenommen, es erfolgt ein Abgleich mit den Datenbeständen des Bundesamtes und des Ausländerzentralregisters. Ferner werden Fingerabdrücke genommen sowie Lichtbilder gemacht. Die Fingerabdrücke werden vom Bundeskriminalamt und einer EU-weiten Behörde ausgewertet, um festzustellen, ob der Bewerber bereits bei einer anderen Dienststelle oder in einem anderen Land einen Asylantrag gestellt hat. Derzeit ist es nicht möglich, vom Ausland aus einen Asylantrag in Deutschland zu stellen. Das bedeutet, dass auch Flüchtlinge, die mit hoher Wahrscheinlichkeit die Voraussetzungen für die Anerkennung als Asylberechtigte oder die Duldung als Flüchtlinge erfüllen, quasi gezwungen sind, sich Schlepperbanden anzuvertrauen und den lebensgefährlichen Weg über das Mittelmeer oder die Ägäis zu nehmen.

Nach der Antragstellung muss der Asylbewerber auf seine Anhörung warten, was manchmal mehrere Monate und in Einzelfällen sogar mehr als ein Jahr dauern kann. Die Anhörung wird von einem sogenannten Entscheider durchgeführt. Sie ist nicht öffentlich, in der Regel ist aber ein Dolmetscher anwesend. Der Asylbewerber soll schildern, warum er verfolgt wird und Tatsachen über seine Verfolgung nennen. Wenn möglich, soll er Beweismaterial vorlegen. Von der Anhörung wird ein Protokoll angefertigt, bei Bedarf kann der Entscheider zusätzliche Ermittlungen veranlassen. Die Asylentscheidung bezieht sich laut Gesetz stets auf das Einzelschicksal und nicht auf die Gesamtsituation in der Herkunftsregion. Allerdings werden die offiziellen

Länderinformationen und Lageberichte der Bundesregierung, Informationen des Flüchtlingshilfswerks UNHCR und Amnesty International sowie Gutachten wissenschaftlicher Institute, Presseartikel und Fachliteratur als Entscheidungshilfen verwendet. Im Fall Syrien, wo derzeit die meisten Flüchtlinge herstammen, ist die Quellen-Bewertungslage eindeutig, so dass die Anerkennungsquote für syrische Flüchtlinge weit über 90 Prozent liegt. Dies ist aber die absolute Ausnahme.

Die Entscheidung über den Asylantrag wird dem Bewerber schriftlich mitgeteilt. Die Mitteilung enthält eine Begründung sowie eine Rechtshilfebelehrung. Für den Fall, dass kein Asyl gewährt oder ein anderer Schutzstatus zuerkannt wird, enthält das Schreiben eine Aufforderung zur Ausreise und eine Abschiebungsandrohung. Dagegen kann der Flüchtling vor dem Verwaltungsgericht klagen. Mit der Entscheidung des Gerichts ist das Asylverfahren in der Regel beendet. Der Anwalt des Flüchtlings kann sich nur dann an höhere Instanzen wenden, wenn es um ungeklärte Rechtsfragen von grundsätzlicher Bedeutung geht oder um Sachverhalte, die von Gerichten unterschiedlich beurteilt wurden.

Gegebenenfalls kann ein Flüchtling nach der Ablehnung einen neuen Antrag stellen. Ein solcher Asylfolgeantrag wird aber nur bearbeitet, wenn sich die Rechtslage geändert hat (zum Beispiel die Situation im Herkunftsland inzwischen anders beurteilt wird) oder Beweise für die Verfolgung eines Flüchtlings auftauchen, die im ersten Verfahren noch nicht vorlagen.

Asylberechtigung wird eher restriktiv ausgelegt

In den meisten Fällen werden die Festlegungen der Genfer Konvention und des Artikels 16a des Grundgesetzes eher restriktiv ausgelegt. In der Praxis wird vielen Flüchtlingen, die sich per-

sönlich verfolgt fühlen und schweren Bedrohungen und Gewalt-
erfahrungen ausgesetzt waren, eine Anerkennung als Flüchtling
dennoch verweigert, die Grundlage dafür bildet das Asylverfah-
rensgesetz. In einem Leitfaden heißt es beim Flüchtlingsrat Niedersachsen dazu: »Zielgerichtet ist eine politische Verfolgung
[laut Konvention, Anm. d. Verf.], wenn eine Person aufgrund
ihrer Rasse, Religion, Nationalität, politischen Überzeugung
oder der Zugehörigkeit zu einer bestimmten sozialen Gruppe
verfolgt wird. Häufig wird die Anerkennung von Flüchtlingen
abgelehnt, weil nach Auffassung des Bundesamtes eine Verfolgung zwar stattfand, aber nicht ›zielgerichtet‹ war. Zwischen den
Gründen, auf die sich ein Asylsuchender beruft, und der Flucht
muss ein innerer Zusammenhang bestehen: Drohende oder erlittene Verfolgung muss die Flucht ausgelöst haben. Ist zwischen
der Verfolgung und der Flucht zu viel Zeit vergangen, wird die
Verfolgung nicht mehr als Begründung für die Flucht akzeptiert.
Eine Flüchtlingsanerkennung kommt nur dann in Frage, wenn
es auch in keinem anderen Teil des Herkunftslandes Schutz vor
Verfolgung gibt. Besteht in einem anderen Landesteil keine Ver-
folgungsgefahr, so nennt man dies ›inländische Fluchtalternative‹
oder ›internen Schutz‹. Dies führt dazu, dass ein Asylantrag abgelehnt wird. (...) Oft wird Flüchtlingen, denen noch nichts pas-
siert ist, die aber große Angst vor einer Verfolgung haben, vor-
gehalten, sie seien (noch) nicht wirklich bedroht gewesen oder
hätten den Schutz der Behörden ihres Staates in Anspruch nehmen können. Dies wird auch Flüchtlingen entgegengehalten, die
sich auf eine Verfolgung durch Dritte – zum Beispiel eine andere
ethnische Gruppe oder eine Mafiaorganisation – berufen. Aber
auch Flüchtlinge, die eine drohende Verfolgung durch staatliche
Kräfte geltend machen, müssen unter Umständen mit einer Ablehnung rechnen: Der Asylantrag wird dann zum Beispiel mit der
Begründung abgelehnt, dass die Regierung sich um die Einhaltung der Menschenrechte bemühe und dazu grundsätzlich auch
in der Lage sei. (...) Ein weiteres wichtiges Kriterium ist, ob die

Verfolgung oder Bedrohung schwerwiegend genug ist. Vorladungen, Verhöre, mehrtägige Inhaftierungen und Schläge gelten oft als nicht gravierend genug und damit nicht als ›asylrelevant‹.

Eine drohende Gefahr für Leben und Freiheit kann eine Begründung für die Flüchtlingsanerkennung sein. Diese besteht aber nur dann, wenn das Leben der Betroffenen aus politischen Gründen regelmäßig oder sehr stark beeinträchtigt ist und ihr Leben und Freiheit bedroht sind. Aber auch das führt nicht in jedem Fall zur Anerkennung. Eine drohende Gefängnisstrafe kann beispielsweise mit der Begründung abgelehnt werden, dass der Herkunftsstaat ein legitimes Staatsschutzinteresse verfolgt, wenn er den Flüchtling einsperrt.

Grundsätzlich sind Kriege und Bürgerkriege kein ausreichender Grund, um Asyl oder einen anderen Flüchtlingsschutz in Deutschland zu erhalten. Eine Chance auf Anerkennung besteht nur, wenn über die allgemeine Gefahr für das Leben in einem Krieg hinaus eine konkrete persönliche Verfolgung oder Gefährdung belegt werden kann. Unter bestimmten Voraussetzungen kann allerdings ein Abschiebungsverbot bestehen.«

Verfolgung aufgrund von Kriegsdienstverweigerung oder Desertion werden ebenfalls nicht als alleiniger Asylgrund anerkannt. Nur wenn der Antragsteller »eine besonders hohe Bestrafung zu erwarten hat, weil er einer diskriminierten Gruppe angehört«, könnte dies anerkannt werden. Das gilt auch, wenn davon auszugehen ist, dass der Antragsteller im Militärdienst mit hoher Wahrscheinlichkeit »zur Teilnahme an Kriegsverbrechen, Verbrechen gegen den Frieden oder Verbrechen gegen die Menschlichkeit verpflichtet gewesen wäre«.

Generell kein Asylgrund sind sogenannte »›allgemeine‹ Notsituationen« wie Hungersnöte oder Umweltkatastrophen. Derartige Anträge werden in der Regel als »offensichtlich unbegründet« abgelehnt. Bestenfalls wird ein befristeter Abschiebeschutz aus humanitären Gründen gewährt.

Auch die spezifische Unterdrückung von Frauen in vielen

Ländern reicht nicht als Asylgrund. Es gilt als zumutbar, die untergeordnete Stellung der Frau im Rechtssystem des Herkunftslandes hinzunehmen und sich zum Beispiel den Kleidervorschriften oder sonstigen Normen der Gesellschaft zu unterwerfen. Anerkannt wird in Ausnahmefällen allerdings drohende Genitalverstümmelung (Beschneidung) und erlittene Vergewaltigung im Kontext sozialer oder ethnischer Verfolgung.

Unter bestimmten Bedingungen können auch Verfolgung aufgrund von Religionszugehörigkeit und sexueller Orientierung als Asylgründe akzeptiert werden.

Die generell restriktive Auslegung der in der Genfer Konvention definierten Asylgründe fasst das BAMF wie folgt zusammen: »Nicht jede negative staatliche Maßnahme – selbst wenn sie an eines der genannten persönlichen Merkmale anknüpft – stellt eine asylrelevante Verfolgung dar. Es muss sich vielmehr einerseits um eine gezielte Rechtsgutverletzung handeln, andererseits muss sie in ihrer Intensität darauf gerichtet sein, den Betreffenden aus der Gemeinschaft auszugrenzen. Schließlich muss es sich um eine Maßnahme handeln, die so schwerwiegend ist, dass sie die Menschenwürde verletzt und über das hinausgeht, was die Bewohner des jeweiligen Staates ansonsten allgemein hinzunehmen haben.«

Sonderregeln für Minderjährige

Teilweise ausgenommen von dem üblichen Asylverfahren sind unbegleitete minderjährige Flüchtlinge (UMF), die – wenigstens theoretisch – möglichst unmittelbar nach ihrer Registrierung (oder auch schon davor) in speziellen Einrichtungen untergebracht werden sollen. Schätzungen gehen von derzeit mindestens 20.000 jungen Menschen aus, die sich ohne Eltern auf die Flucht nach Deutschland begeben haben. Maßgabe ist dabei nicht das Asylverfahrens-, sondern das Kinder- und Jugendhilfegesetz. Zuständig sind die kommunalen Jugendämter, die für altersgerechte

Unterbringung in sozialpädagogisch betreuten Wohngruppen, Schulbesuch und die Bestellung von Vormündern sorgen müssen, die dann wiederum den Asylantrag stellen können. Doch noch immer gibt es Fälle, in denen – oftmals schwer traumatisierte – unbegleitete Jugendliche wochen- oder gar monatelang in den Notunterkünften leben müssen. Dazu kommt eine unbekannte, aber mit Sicherheit stetig wachsende Zahl von UMF, die sich dem Verfahren entziehen und als »Illegale« auf der Straße leben oder bei Bekannten und Verwandten Unterschlupf finden.

Der UMF-Status ist auf die Vollendung des 20. Lebensjahres begrenzt. Danach droht diesen Jugendlichen im Falle der Ablehnung ihres Asylantrags die Abschiebung. Allerdings soll mit einer der letzten Novellen des Aufenthaltsgesetzes den betroffenen Jugendlichen – unter bestimmten Bedingungen – die Beendigung einer bereits begonnenen schulischen oder betrieblichen Ausbildung ermöglicht werden sowie im Anschluss – aufgrund »erfolgreicher Integration« – eine dauerhafte Bleiberechtsperspektive. Mit der letzten Asylrechtsverschärfung wurde dies teilweise aber wieder zurückgenommen.

Was passiert nach der Anerkennung

Eine Anerkennung als Asylberechtigter oder als Flüchtling laut Genfer Flüchtlingskonvention bedeutet keineswegs, dass der Flüchtling automatisch ein unbefristetes Aufenthaltsrecht erhält. Zunächst erhält er eine dreijährige Aufenthaltserlaubnis, über deren Verlängerung das BAMF entscheidet. Im Paragraphen 73 des Asylverfahrensgesetzes heißt es dazu: »(1) Die Anerkennung als Asylberechtigter und die Zuerkennung der Flüchtlingseigenschaft sind unverzüglich zu widerrufen, wenn die Voraussetzungen für sie nicht mehr vorliegen. Dies ist insbesondere der Fall, wenn der Ausländer nach Wegfall der Umstände, die zur Anerkennung als Asylberechtigter oder zur Zuerkennung der Flüchtlingseigenschaft geführt haben, es nicht mehr ablehnen kann, den Schutz des Staates in Anspruch zu nehmen, dessen Staatsangehörigkeit er besitzt, oder wenn er als Staatenloser in der Lage ist, in das Land zurückzukehren, in dem er seinen gewöhnlichen Aufenthalt hatte. Satz 2 gilt nicht, wenn sich der Ausländer auf zwingende, auf früheren Verfolgungen beruhende Gründe berufen kann, um die Rückkehr in den Staat abzulehnen, dessen Staatsangehörigkeit er besitzt oder in dem er als Staatenloser seinen gewöhnlichen Aufenthalt hatte.«

Wird die Asylberechtigung nicht widerrufen, hat der Asylberechtigte Anspruch auf eine unbefristete Niederlassungserlaubnis, die allerdings in besonderen Fällen, wie zum Beispiel schwere Straftaten, ebenfalls widerrufen werden kann. In der Praxis spielt der Widerruf der Asylberechtigung aber kaum eine Rolle. Im Jahr 2014 gab es bei 15.300 Überprüfungsverfahren lediglich 110 Widerrufe.

Anerkannte Asylberechtigte und Flüchtlinge machen den kleinsten Teil der derzeit in Deutschland lebenden Migranten aus. Mitte 2015 waren es rund 185.000, von denen viele schon länger als zehn Jahre in Deutschland leben. Aber nur sie haben unbeschränkten Zugang zum Arbeitsmarkt, zum Bildungssystem und zu Sozialleistungen. Bei denjenigen, die den Status der unbefristeten Niederlassungserlaubnis erlangt haben, ist eine weitgehende Integration zu beobachten; bei signifikanten Indikatoren, wie Erwerbstätigkeit und Kriminalität, sinken die Unterschiede zur Gesamtbevölkerung mit den Jahren erheblich.

Was passiert nach der Ablehnung

In den Debatten über Flüchtlinge und Asylrecht wird oft die Auffassung vertreten, dass man Flüchtlinge nach Ablehnung ihres Asylantrags postwendend abschieben sollte, da sie keinerlei Anspruch auf den weiteren Verbleib in Deutschland hätten. Dabei wird übersehen, dass das Asylrecht außer der vollständigen Anerkennung des Antrags noch weitere Stufen einer zunächst vorläufigen Aufenthaltsgestattung kennt. Als sogenanntes Kleines Asyl gilt der »subsidiäre Schutz«, der im Paragraphen 4 des Asylgesetzes geregelt ist. Dort heißt es: »(1) Ein Ausländer ist subsidiär Schutzberechtigter, wenn er stichhaltige Gründe für die Annahme vorgebracht hat, dass ihm in seinem Herkunftsland ein ernsthafter Schaden droht. Als ernsthafter Schaden gilt:

1. die Verhängung oder Vollstreckung der Todesstrafe,
2. Folter oder unmenschliche oder erniedrigende Behandlung oder Bestrafung oder
3. eine ernsthafte individuelle Bedrohung des Lebens oder der Unversehrtheit einer Zivilperson infolge willkürlicher Gewalt im Rahmen eines internationalen oder innerstaatlichen bewaffneten Konflikts.«

Mit diesem Status erhält der Flüchtling eine zunächst einjährige Aufenthaltsgenehmigung, die nach Ablauf und Prüfung der Schutzbedürftigkeit um zwei Jahre verlängert werden kann. Es besteht Anspruch auf Sozialleistungen und auf den Zugang zu Bildung und zum Arbeitsmarkt. Die unbefristete Niederlassungserlaubnis kann ein subsidiär Schutzbedürftiger nach fünf Jahren erhalten. Diese Regelung des Asylrechts ist keineswegs ein »deutscher Sonderweg«, sondern die Umsetzung einer entsprechenden EU-Richtlinie. In Deutschland leben derzeit rund 60.000 Menschen mit diesem Status. Derzeit wird eine Angleichung der Aufenthaltsbestimmungen für subsidiär Schutzbedürftige an die der anerkannten Flüchtlinge und Asylbewerber angestrebt.

Duldung – permanente Angst vor Abschiebung

Doch auch die vollständige Ablehnung des Asylantrags führt nicht in allen Fällen unmittelbar zu aufenthaltsbeendenden Maßnahmen. So kommt es in vielen Fällen zur »Feststellung eines

Abschiebungsverbotes« gemäß Paragraph 60 des Aufenthaltsgesetzes. Dort heißt es in den Absätzen 5 und 7: »(5) Ein Ausländer darf nicht abgeschoben werden, soweit sich aus der Anwendung der Konvention vom 4. November 1950 zum Schutze der Menschenrechte und Grundfreiheiten (BGBl. 1952 II S. 685) ergibt, dass die Abschiebung unzulässig ist. (7) Von der Abschiebung eines Ausländers in einen anderen Staat soll abgesehen werden, wenn dort für diesen Ausländer eine erhebliche konkrete Gefahr für Leib, Leben oder Freiheit besteht.« Angewendet wird diese Regelung derzeit unter anderem oft auf Flüchtlinge aus dem Iran oder Afghanistan. Neben diesen rechtlichen Abschiebungshindernissen werden auch »tatsächliche Hindernisse« berücksichtigt. Dazu gehören unter anderem die Reiseunfähigkeit im Krankheitsfall, die Aussichtslosigkeit der Abschiebung wegen fehlender Pässe oder Visa oder die Weigerung des Herkunftsstaates, den Betroffenen aufzunehmen. Ferner gibt es »Ermessenstatbestände«. Dazu gehören die Durchführung einer Operation, die im Herkunftsland nicht möglich ist, die Beendigung einer schulischen oder beruflichen Ausbildung, die Beendigung des laufenden Schuljahres oder die vorübergehende Betreuung eines schwerkranken Familienangehörigen. Die Möglichkeiten, auf dieser Basis seine Abschiebung hinauszuzögern oder gar zu verhindern, sind durch die letzte Reform des Asylrechts allerdings drastisch eingeschränkt worden.

Die Aussetzung der Abschiebung wird gemeinhin als »Duldung« bezeichnet und ist kein Bleiberechtsstatus im Sinne des Asylrechts; die Verpflichtung zur Ausreise bleibt bestehen. Inhaber einer Duldung dürfen sich nur in ihrem Bundesland aufhalten; der Aufenthaltsradius und die Wohnsitznahme können beschränkt werden, beispielsweise auf bestimmte Gemeinschaftsunterkünfte. Die Duldung kann jederzeit widerrufen werden, wenn das »Abschiebungshindernis« entfällt.

Die Befristung von Duldungen und der Umgang mit geduldeten Migranten unterscheiden sich zwischen den einzelnen

Bundesländern erheblich, das gilt auch für die Praxis der jeweils zuständigen örtlichen Ausländerbehörde. Der Bewilligungszeitraum reicht von 14 Tagen bis zu einem halben Jahr und muss dann verlängert werden oder wird es eben nicht. Für die ersten drei Monate gilt ein Arbeitsverbot, das von der Behörde auch danach aufrechterhalten werden kann, wenn der Geduldete sich in Bezug auf die Beseitigung der Abschiebungshindernisse unkooperativ zeigt. Der Zugang zu medizinischer Versorgung ist stark eingeschränkt. Schulbesuch ist allerdings vorgesehen. Im Rahmen des »Asylrechtskompromisses« vom November 2014 wurde ferner der Zugang zu betrieblichen Ausbildungen, Fördermaßnahmen der Arbeitsagenturen und freiwilligen sozialen Diensten erleichtert.

Derzeit leben rund 193.000 geduldete Migranten in Deutschland, viele davon bereits fünf Jahre und länger und dennoch ständig von einer Ausweisung bedroht. Das führte mehrfach zu unglaublichen Szenen, wenn zum Beispiel Kinder von der Polizei ohne Vorankündigung aus ihren Klassenräumen zur Abschiebung abgeholt wurden. Viele der geduldeten Flüchtlinge, besonders jüngere, sind mittlerweile gut in die deutsche Gesellschaft integriert und haben zudem kaum einen Bezug mehr zu ihrem Herkunftsland. Vor diesem Hintergrund hat die Bundesregierung eine Gesetzesänderung auf den Weg gebracht, die seit dem 1. August 2015 in Kraft ist. Geduldete Flüchtlinge können unabhängig vom Alter und vom Familienstand nach acht Jahren ein dauerhaftes Bleiberecht bekommen, wenn sie ausreichende Deutschkenntnisse nachweisen, nicht straffällig geworden sind und für ihren Lebensunterhalt selbst aufkommen beziehungsweise in absehbarer Zeit aufkommen werden. Familien müssen sechs Jahre warten. Bei Jugendlichen, die in Deutschland die Schule besuchen, sind es vier Jahre. Ferner dürfen jugendliche Geduldete, die eine Berufsausbildung aufnehmen, für die Dauer der Ausbildung nicht abgeschoben werden. Falls sie die Ausbildung erfolgreich abschließen, können sie darüber hinaus ebenfalls eine Aufenthaltserlaubnis beantragen. Allerdings bedarf der Beginn einer Ausbildung der Zustimmung der Ausländerbehörde.

Abschiebung soll beschleunigt werden

Wer weder als Flüchtling anerkannt wurde noch außerhalb des Asylrechts eine befristete Aufenthaltsgenehmigung aus humanitären Gründen erhalten hat, muss Deutschland laut geltendem Recht binnen kurzer Zeit verlassen. Durch die befristeten Duldungen wird die Vollziehung der Ausreise lediglich ausgesetzt. Angesichts des steigenden Zustroms von Flüchtlingen, deren Status größtenteils noch gar nicht geklärt ist, kursieren allerdings abenteuerliche Zahlen über den betroffenen Personenkreis. Zieht man von den nur geduldeten Flüchtlingen ohne Aufenthaltsstatus diejenigen ab, bei denen derzeit ein »Abschiebungshindernis« besteht, dann bleiben 60.000 bis 80.000 Migranten übrig, die binnen kurzer Zeit abgeschoben werden können.

Jedenfalls ist das eine im Vergleich zu den absoluten Flüchtlingszahlen recht überschaubare Größenordnung. Durch die Erweiterung der Liste der sogenannten »sicheren Drittstaaten« auf alle Länder des westlichen Balkans und die auf den Weg gebrachte restriktivere Auslegung der Bestimmungen zu humanitären Abschiebehindernissen könnte diese Zahl in naher Zukunft allerdings beträchtlich steigen. So wird derzeit erwogen, auch nicht asylberechtigte Afghanen in ihr Heimatland abzuschieben, mit der abstrusen Begründung, dass es dort schließlich einige sichere Regionen gäbe.

Im ersten Halbjahr 2015 sind knapp 8.200 Migranten abgeschoben worden, im Vergleich zum Vorjahreszeitraum bedeutet das einen Anstieg von 42 Prozent. Bis Ende August kamen weitere 3.500 dazu. Aber angesichts der Aussichtslosigkeit ihrer Asylbegehren und des wachsenden Drucks der Behörden kehren auch immer mehr Flüchtlinge, vor allem aus den Westbalkanstaaten, freiwillig zurück, nachdem sie eine Ausreiseaufforderung erhalten haben. Im ersten Halbjahr 2015 waren es knapp 13.000.

Die Bundesregierung will den Druck auf ausreisepflichtige Migranten jedenfalls noch deutlich erhöhen. Es wird eine neue Form der Ausreisehaft eingeführt, die von einem Richter für bis zu vier Tagen verhängt werden kann, wenn nur so die verfügte Abschiebung sichergestellt werden kann. Säumige Ausreiseverweigerer aus Staaten, für deren Bürger keine Visumspflicht bei der Einreise nach Deutschland besteht (was für alle Westbalkanstaaten gilt), können zudem mit einem dreijährigen Einreiseverbot belegt werden, nach einer Abschiebung sollen es fünf Jahre sein. Abgelehnte Asylbewerber hätten demnach keine Chance mehr, visafrei als Tourist nach Deutschland einzureisen, um kurz vor Ablauf der 90-tägigen legalen Aufenthaltsfrist einen erneuten Asylantrag zu stellen. Der vielbeklagte »Abschiebungsstau« dürfte sich auch relativieren, weil diejenigen Bundesländer, die in den vergangenen Jahren einen pauschalen Abschiebestopp in den Wintermonaten verfügt hatten, angekündigt haben, dies in diesem Jahr nicht fortzuführen, sondern Abschiebungen nur noch in Einzelfällen nach humanitären Gesichtspunkten auszusetzen.

Asylverfahren dauern viel zu lange

Das ist einer der wenigen Punkte, bei dem sich die Kritiker und die Befürworter der Aufnahme von vielen Flüchtlingen weitgehend einig sind. Im Jahresdurchschnitt dauerte ein Asylverfahren 2014 von der Antragstellung bis zum Bescheid 7,1 Monate, wobei es erhebliche regionale Unterschiede gab. Nach Angaben des BAMF konnte die Bearbeitungsdauer für Neuanträge im ersten Halbjahr 2015 auf 5,3 Monate verkürzt werden. Das hat mehrere Gründe: So wurden, nachdem es bereits im vergangenen Jahr eine Personalaufstockung gegeben hatte, auch 2015 weitere

750 Mitarbeiter eingestellt. Auch das Netz der Außenstellen des BAMF wurde vor allem unmittelbar in den Erstaufnahmestellen auf nunmehr 46 ausgebaut. Weiterhin sorgen zwei Neuregelungen für eine gewisse Entlastung. Die Anträge von Bürgern aus dem Westbalkan können schneller entschieden, das heißt abgelehnt werden, da alle Länder der Region inzwischen als »sichere Herkunftsländer« gelten. Auf der anderen Seite geht es auch bei Antragstellern aus Syrien und dem Irak schneller, weil in diesen Fällen in der Regel von Schutzbedürftigkeit ausgegangen wird.

Allerdings sind die Angaben über die Verfahrensdauer nur bedingt aussagekräftig. Denn es kann mitunter Wochen oder gar Monate dauern, bis ein in der Erstaufnahme registrierter Flüchtling überhaupt einen Termin für die offizielle Antragstellung bekommt. Auch das soll durch die bessere Ausstattung des BAMF künftig deutlich schneller gehen, im Idealfall binnen weniger Tage.

Ebenfalls nicht berücksichtigt ist die Dauer der Widerspruchsverfahren vor den Verwaltungsgerichten, die jedem Asylbewerber nach Ablehnung seines Antrags offenstehen. Rund 40 Prozent der Betroffenen machten von dieser Möglichkeit Gebrauch, was von den Verwaltungsgerichten zeitnah nicht mehr zu bewältigen ist. Von der Einreichung des Widerspruchs bis zur Entscheidung vergehen oftmals mehrere Monate, in Einzelfällen auch mehr als ein Jahr. Auch hier soll Abhilfe geschaffen werden. Zum einen durch mehr vereinfachte Verfahren bei sogenannten offensichtlich unbegründeten Anträgen, zum anderen durch neue Stellen bei den Verwaltungsgerichten.

Es wird eine Weile dauern, bis diese Beschleunigungsmaßnahmen umfassend greifen. Ziel ist jedenfalls, die durchschnittliche Dauer des Verfahrens bis zum Bescheid auf drei Monate zu senken und auch die Altfälle zügig abzuarbeiten.

Leben Flüchtlinge in Saus und Braus?

Zu den verbreiteten Irrtümern über Flüchtlinge in Deutschland gehört, dass diese mindestens so viel Geld wie Hartz-IV-Bezieher erhalten, obwohl sie nicht zur Arbeitsaufnahme verpflichtet sind, und obendrein noch viele Extras, wie zum Beispiel Deutschkurse, gratis dazu bekommen. Kurz gefasst: »Die leben auf unsere Kosten, obwohl wir doch selber wenig haben.«

Richtig daran ist zunächst einmal, dass natürlich der Staat aus Steuermitteln für die Unterbringung von Flüchtlingen sorgen und ihnen ein Existenzminimum garantieren muss. Diese Verpflichtung ergibt sich aus unserem deutschen Grundgesetz und der Genfer Flüchtlingskonvention, aber auch aus einem Urteil des Bundesverfassungsgerichts von 2012. Die Richter entschieden, dass die Leistungen für Flüchtlinge nicht wesentlich unter den Regelsätzen für Hartz-IV-Empfänger liegen dürfen, da diese bereits ein Existenzminimum darstellen. Daher sei es nicht mit dem Grundgesetz vereinbar, diesen Betrag wesentlich zu kürzen.

Für die meisten nur Taschengeld

Allerdings erhalten die meisten Flüchtlinge keineswegs die Regelleistungen in voller Höhe oder gar in Form von Bargeld. Laut Asylbewerberleistungsgesetz müssen alle Asylbewerber während ihrer ersten Monate in Deutschland in zentralen Erstaufnahmeeinrichtungen bleiben. Dort wird ihnen der »notwendige Bedarf« in Form von Unterkunft, Kleidung und Gemeinschaftsverpflegung gestellt. Zusätzlich bekommen Flüchtlinge bislang ein Taschengeld zur Deckung des »persönlichen Bedarfs« (zum Beispiel Zahnpasta, Seife, Unterwäsche, aber auch mal Schokolade) bar ausgezahlt, für eine volljährige Einzelperson sind das 143 Euro, bei Paaren 129 Euro pro Person sowie pro Kind zwischen 84 und 92 Euro.

Im Oktober 2015 beschlossen Bundestag und Bundesrat ein »Asylverfahrensbeschleunigungsgesetz«, das unter anderem vorsieht, dieses Taschengeld ganz oder weitgehend durch Sachleistungen zu ersetzen. Zudem wird die Unterbringung in Erstaufnahmeeinrichtungen, für die die Taschengeldregelung relevant ist, auf mindestens sechs Monate festgelegt. Zwar richten sich diese Neuregelungen nach Aussagen von Politikern der CDU und CSU ausdrücklich gegen »Wirtschaftsflüchtlinge« aus dem Westbalkan, für die »materielle Fehlanreize« bei der Einreise nach Deutschland beseitigt werden sollen. Betroffen sind aber alle Flüchtlinge, da eine pauschale Ungleichbehandlung nach Herkunftsländern nicht mit dem Grundgesetz vereinbar wäre.

Wie dieses Gesetz, welches am 24. Oktober in Kraft trat, umgesetzt werden kann, wird sich zeigen. Klar ist schon jetzt, dass für die zuständigen Mitarbeiter in den Erstaufnahmestellen ein immenser bürokratischer Mehraufwand entsteht. Denn der Anspruch auf Leistungen in Höhe des bisherigen Taschengelds zur Deckung des persönlichen Bedarfs bleibt natürlich bestehen, und die Art der Sachleistung obliegt dem Berechtigten, sei es eine Kinokarte, eine Schachtel Zigaretten oder eine Prepaid-Karte fürs Handy.

Asylbewerber, die die Erstaufnahmeeinrichtungen verlassen können, haben Anspruch auf Leistungen in Höhe von 359 Euro für einen Erwachsenen, was rund zehn Prozent unter den Hartz-IV-Regelsätzen liegt. Analog dazu sind auch die Leistungen für Partner und Minderjährige gestaffelt. Leben die Flüchtlinge in Sammelunterkünften mit Vollverpflegung, wird ein entsprechender Betrag abgezogen, ebenso eine Strompauschale. Ein alleinstehender Asylbewerber bekommt dann noch 190 Euro pro Monat. Lebt – was in den meisten Bundesländern eher die Ausnahme ist – ein Flüchtling in einer eigenen Wohnung, werden die

Kosten der Unterkunft analog zu den Sätzen für Hartz-IV-Bezieher erstattet. Nach 15 Monaten Aufenthalt werden die Regelleistungen dann vollständig an das Hartz-IV-Niveau angeglichen.

Eingeschränkte medizinische Versorgung

Auch die medizinische Versorgung ist für die meisten Flüchtlinge stark eingeschränkt. Sie sind nicht gesetzlich krankenversichert und können daher nicht die Regelleistungen der Krankenkassen in Anspruch nehmen. Laut Paragraph 4 Absatz 1 des Asylbewerberleistungsgesetzes haben Flüchtlinge ohne Aufenthaltsstatus lediglich folgenden Anspruch: »Zur Behandlung akuter Erkrankungen und Schmerzzustände sind die erforderliche ärztliche und zahnärztliche Behandlung einschließlich der Versorgung mit Arznei- und Verbandmitteln sowie sonstiger zur Genesung, zur Besserung oder zur Linderung von Krankheiten oder Krankheitsfolgen erforderlichen Leistungen zu gewähren.« Die Abrechnung der medizinischen Leistungen erfolgt über die kommunalen Sozialhilfeträger, diese entscheiden im Vorfeld eines Arzt- oder Krankenhausbesuchs auch darüber, ob die Behandlung notwendig ist.

Ein in mehrfacher Hinsicht unsinniges und teures Verfahren. Zum einen entsteht ein enormer Bürokratieaufwand, wenn jeder Arztbesuch einzeln beantragt und abgerechnet werden muss. Zudem sind die Sachbearbeiter in der Regel medizinische Laien, die die Art und Schwere eines Krankheitszustandes nicht sachgerecht beurteilen können. Durch mitunter tagelange Wartezeiten in den Ämtern und die fehlende medizinische Kompetenz droht auch die Verschlimmerung akuter Krankheitsbilder.

Immer mehr Bundesländer haben sich daher entschlossen, Gesundheitskarten für Flüchtlinge einzuführen, die diesen den direkten Arztbesuch ermöglichen. Der Arzt entscheidet dann, welche Behandlung den Kriterien des Asylbewerberleistungsge-

setzes entspricht, die Abrechnung erfolgt über Rahmenvereinba-
rungen mit Krankenkassen, die das Geld dann aus Steuermitteln
erstattet bekommen.

Dürfen Flüchtlinge arbeiten?

Zwar dürfen geduldete Flüchtlinge und Asylbewerber, die auf
ihren Bescheid warten, seit Anfang 2015 nach einer verkürzten
Wartefrist von drei Monaten arbeiten, aber nur wenn eine »Vorrangprüfung« ergeben hat, dass für den Arbeitsplatz kein Bewerber aus Deutschland, aus der EU oder keiner mit einem anderen
privilegierten Status ausgestatteter zur Verfügung steht. Zudem
kann die Ausländerbehörde eine Arbeitsaufnahme weiterhin un-
tersagen – was in der Praxis auch häufig geschieht, besonders
wenn mit der Arbeitsaufnahme ein Wohnortwechsel verbunden
wäre.

Ohnehin haben Flüchtlinge ohne festen Aufenthaltsstatus,
abgesehen von kurzfristigen Aushilfstätigkeiten, wenig Chancen auf dem Arbeitsmarkt, da der Arbeitgeber stets damit rechnen muss, dass der Beschäftigte – auch kurzfristig – abgeschoben wird. Nach 15 Monaten Aufenthalt in Deutschland entfällt
zwar die »Vorrangprüfung«, die anderen Restriktionen bleiben
aber bestehen, wenn der Asylbewerber nicht rechtskräftig anerkannt ist.

Geduldete Flüchtlinge, für die nach Feststellung der zuständigen Behörden ein voraussichtlich länger anhaltendes Abschie-
behindernis besteht, haben die Möglichkeit (aber keinen Rechts-
anspruch), eine zunächst auf ein Jahr befristete Aufenthaltsgenehmigung und damit auch bessere Möglichkeiten auf dem
Arbeitsmarkt zu erhalten. Das Aufenthaltsgesetz enthält im Paragraphen 25 Absatz 4 eine entsprechende Härtefallklausel: »Einem nicht vollziehbar ausreisepflichtigen Ausländer kann für
einen vorübergehenden Aufenthalt eine Aufenthaltserlaubnis

erteilt werden, solange dringende humanitäre oder persönliche Gründe oder erhebliche öffentliche Interessen seine vorübergehende weitere Anwesenheit im Bundesgebiet erfordern. Eine Aufenthaltserlaubnis kann (...) verlängert werden, wenn auf Grund besonderer Umstände des Einzelfalls das Verlassen des Bundesgebiets für den Ausländer eine außergewöhnliche Härte bedeuten würde.«

Asylbewerber, die über Qualifikationen verfügen, die auf in einer Positivliste erfasste Mangelberufe anwendbar sind, haben seit Anfang 2015 einen erleichterten Zugang zum Arbeitsmarkt. Die Bundesagentur für Arbeit will sich daher verstärkt direkt in Flüchtlingsunterkünfte begeben, um dort geeignete Flüchtlinge ausfindig zu machen. Es wäre logisch, dass Flüchtlinge mit entsprechenden Qualifikationen und Jobangeboten aus dem Asylverfahren herausgenommen werden und als reguläre Arbeitsmigranten einen Aufenthaltsstatus erhalten. Doch das ist derzeit nicht möglich, weil sie dies von ihrem Heimatland aus tun müssten, also von dort aus, von wo sie geflohen sind. Erste Überlegungen, diesen Widersinn zu beenden, sind noch nicht sehr weit gediehen.

Eine entscheidende Hürde für den Zugang zum Arbeitsmarkt sind allerdings die fehlenden Deutschkenntnisse. Kein Asylbewerber hat vor Abschluss seines Verfahrens das Recht auf den kostenlosen Besuch eines Integrations- und Sprachkurses. Einige Kommunen bemühen sich, in Kooperation mit Volkshochschulen und anderen Trägern, entsprechende Angebote zu entwickeln, auch viele freiwillige Helfer, darunter etliche pensionierte Pädagogen, sind in diesem Bereich aktiv. Auch die Bundesagentur will sich in diesem Bereich stärker engagieren. Doch in vielen Gemeinden haben die dort untergebrachten Flüchtlinge faktisch keine Chance, vor Abschluss ihres Verfahrens einigermaßen systematisch Deutsch zu lernen.

Droht Schulen und Kitas der Kollaps?

Es sind in der Tat furchterregende Zahlen. Die Gewerkschaft Erziehung und Wissenschaft (GEW) geht in einer aktuellen Schätzung (basierend auf einer Million Flüchtlinge in diesem Jahr) davon aus, dass 100.000 zusätzliche Plätze in Kindertagesstätten und 300.000 Plätze im Bereich der allgemein- und berufsbildenden Schulen geschaffen werden müssen. Dazu wäre die Einstellung von 38.000 Lehrern, Erziehern und weiteren sozialpädagogischen Fachkräften notwendig. »Neu Zugewanderte sollen schnell die deutsche Sprache erlernen, um alle Bildungsangebote wahrnehmen zu können. Kitas, Schulen, Berufsschulen, Hochschulen und Weiterbildungseinrichtungen müssen jetzt so ausgestattet werden, dass Flüchtlinge und Asylsuchende eine individuelle und bedarfsgerechte Sprachbildung erhalten«, erklärte die GEW-Vorsitzende Marlis Tepe im Oktober in Berlin. Auch hätten viele Flüchtlingskinder einen erhöhten sozialpädagogischen Betreuungsbedarf, da sie durch Erlebnisse in ihrem Heimatland und die Umstände der Flucht oftmals schwer traumatisiert sind.

Dass dies nicht in wenigen Wochen oder Monaten zu schultern ist, weiß auch die GEW. Ausgebildete Lehrer und Erzieher sind in dieser Größenordnung auf dem Arbeitsmarkt schlicht nicht vorhanden. Doch man müsse sofort anfangen, »sonst verlieren wir kostbare Zeit«, so Tepe. Zum einen müsste für Pädagogen flächendeckend die zertifizierte Zusatzqualifikation »Deutsch als Zweitsprache« (DaZ) angeboten werden, aber auch Crashkurse für Quereinsteiger aus anderen Berufen. Die Gewerkschaft regt ferner an, dass alle Kommunen, in denen Flüchtlinge untergebracht sind, vom Bund finanziell in die Lage versetzt werden, »Willkommenskitas« und »Willkommensklassen« einzurichten, um Flüchtlingskinder möglichst unmittelbar nach der Erstaufnahme betreuen zu können. Dort, wo solche Einrichtungen bereits existieren, seien sie sehr erfolgreich. Die Kosten für eine entsprechende Ausstattung der elementaren Bildungseinrichtungen beziffert die Gewerkschaft auf rund drei Milliarden Euro.

Die GEW steht mit ihrer Einschätzung, dass für Kinder und Jugendliche die Vermittlung deutscher Sprachkenntnisse und die anschließende Eingliederung in reguläre Bildungsgänge die beste Voraussetzung für eine erfolgreiche Integration in die deutsche Gesellschaft sind, nicht allein. Aber es gibt auch viele berechtigte Zweifel. Schließlich ist das deutsche Bildungssystem schon jetzt nicht in der Lage, für alle Kinder mit besonderem pädagogischen Betreuungsbedarf entsprechende Angebote zu realisieren oder auch nur die flächendeckende Vermittlung von Deutschkenntnissen zu garantieren. Davon zeugen auch die hohen Schulabbrecherquoten in manchen sozialen Brennpunkten. Droht daher – wie auch in anderen Bereichen – ein neuer Verteilungskampf zwischen Flüchtlingen und altansässigen sozial benachteiligten Familien?

Genau das will nicht nur die GEW mit allen Mitteln verhindern. Die Integration der Flüchtlingskinder sei eine riesige Herausforderung, so Tepe. Aber auch eine große Chance, das deutsche Bildungssystem insgesamt qualitativ weiterzuentwickeln, auch im Sinne einer umfassenden Inklusion.

Bildungsanspruch haben alle Kinder

Nicht unerwähnt sollte dabei bleiben, dass die BRD aufgrund völkerrechtlicher und europäischer Verträge schlicht und einfach verpflichtet ist, das Bildungssystem für Flüchtlingskinder unabhängig von deren jeweiligen Aufenthaltsstatus zu öffnen. Der Artikel 28 der UN-Kinderrechtskonvention lautet: »Jedes Kind hat das Recht auf Bildung.« Artikel 10 der EU-Asylaufnahmerichtlinie legt fest: »Die Mitgliedsstaaten gestatten Kindern von Asylbewerbern in ähnlicher Weise wie Staatsangehörigen den Zugang zum Bildungssystem.« Und auch die Landesverfassungen und die Schulgesetze einiger Bundesländer enthalten eindeutige Festlegungen. So heißt es im Berliner Schulgesetz, Paragraph 2: »Jeder junge Mensch hat ein Recht auf zukunftsfähige schulische Bildung und Erziehung ungeachtet seines Geschlechts, seiner Abstammung, seiner Sprache, seiner Herkunft, einer Behinderung, seiner religiösen oder politischen Anschauungen, seiner sexuellen Identität und der wirtschaftlichen oder gesellschaftlichen Stellung seiner Erziehungsberechtigten.« Konkret auf Flüchtlinge bezogen legt Paragraph 41 fest: »(1) Schulpflichtig ist, wer in Berlin seine Wohnung oder seinen gewöhnlichen Aufenthalt oder seine Ausbildungs- oder Arbeitsstätte hat. (…) (2) Ausländische Kinder und Jugendliche, denen auf Grund eines Asylantrags der Aufenthalt in Berlin gestattet ist oder die hier geduldet werden, unterliegen der allgemeinen Schulpflicht.«

Sogar Kinder von Flüchtlingen, die sich einer drohenden Abschiebung durch »Abtauchen« in die Illegalität entzogen haben, dürfen Kitas und Schulen besuchen – auch ohne gültige Anmeldepapiere. Kitas, Schulen und deren übergeordnete Behörden sind laut Paragraph 87 des 2011 geänderten Aufenthaltsgesetzes ausdrücklich von der Verpflichtung ausgenommen, die Ausländerbehörden über Verstöße gegen das Aufenthaltsrecht zu informieren. Auch in der UN-Kinderrechtskonvention ist das Recht auf den Besuch einer Grundschule für alle Kinder verankert.

Die Einbeziehung aller Kinder in das Bildungssystem ist also keine disponible soziale Wohltat, sondern eine eindeutige völker- und bundesrechtliche Verpflichtung.

Alarm auf dem Wohnungsmarkt

Der Wohnungsmarkt in Deutschland galt bereits vor der aktuellen Zuwanderungswelle als ausgesprochen angespannt. Besonders in Großstädten und Ballungsräumen, aber auch in mittleren Universitätsstädten ist es für Geringverdiener kaum noch möglich, angemessenen und vor allem bezahlbaren Wohnraum zu bekommen. Das hat viele Ursachen. Zum einen drängen immer mehr Menschen in die boomenden Städte und Regionen. Und das nicht nur aus anderen Teilen Deutschlands, sondern seit Ausbruch der Finanz- und später der Eurokrise und ihren desaströsen sozialen Auswirkungen auch verstärkt aus südeuropäischen EU-Staaten. Allein Berlin hatte in den Jahren 2013 und 2014 einen Netto-Zuzug von rund 40.000 Menschen zu verzeichnen – pro Jahr! Auf der anderen Seite haben Bund, Länder und Kommunen den sozialen Wohnungsbau, der trotz aller Mängel über Jahrzehnte eine wichtige Rolle bei der sozialen Wohnraumversorgung spielte, ab Anfang des Jahrtausends faktisch eingestellt. Da die geförderten Wohnungen nach einiger Zeit aus der Sozialbindung fallen und keine neuen Wohnungen errichtet wurden, verringerte sich der Bestand zwischen 1989 und 2014 von vier Millionen auf knapp 1,5 Millionen. Dazu kam, dass viele Städte ihre kommunalen Wohnungsbestände ganz (wie zum Beispiel Dresden) oder zu großen Teilen an private Investoren oder Hedgefonds verkauften. Besonders in den Ballungsgebieten kam es – und kommt es noch immer – angesichts der Knappheit zu exorbitanten Mietsteigerungen auf dem privaten Wohnungsmarkt, begünstigt durch ein sehr besitzerfreundliches Mietrecht. Zwar hat die Neubautätigkeit mittlerweile einigermaßen Fahrt aufgenommen, doch das Gros der neuen Häuser entsteht im Hochpreissegment, entweder als Wohneigentum oder mit Mieten von über zehn Euro nettokalt pro Quadratmeter. Mieter- und Sozialverbände fordern für die kommende Dekade den Bau von mindestens 300.000 Wohnungen pro Jahr, davon wiederum mindestens die Hälfte im geförderten Bereich.

Die Politik scheint das Problem mittlerweile erkannt zu haben, Bund und Länder haben erste Programme zur sozialen Wohnraumförderung auf den Weg gebracht und 2015 weiter aufgestockt. Doch bislang ist nicht abzusehen, ob und wann sich die Situation auf dem Wohnungsmarkt merklich entspannen wird.

In dieser Situation bedeutet der Zuzug von bis zu einer Million Flüchtlingen in nur einem Jahr eine enorme Verschärfung der ohnehin angespannten Lage. Zwar werden für die Erstaufnahme und die anschließenden Sammelunterbringungen größtenteils Übergangslösungen, wie nicht mehr genutzte öffentliche Bürogebäude, Kasernen, Gewerbeimmobilien, Lagerhallen, Holz- und andere Leichtbaucontainer oder gar Zeltstädte, bereitgestellt, die dem Wohnungsmarkt der ansässigen Bevölkerung nicht entzogen werden. Doch mittelfristig werden einige 100.000 dieser Flüchtlinge (genauere Zahlen wären reine Spekulation) nach Abschluss ihres Asylverfahrens einen mittel- oder langfristigen Aufenthaltsstatus erhalten und dann als »Konkurrenten« auf den Wohnungsmarkt, besonders im unteren Preissegment, drängen. Durch Familiennachzug bei anerkannten Asylberechtigten wird diese Zahl weiter steigen.

Die Lösung der Wohnungsfrage wird eine wesentliche Rolle spielen, wenn es um die Akzeptanz oder Ablehnung dieser Form von Zuwanderung geht. Wenn sich besonders für ärmere Teile der Bevölkerung eine gegenüber der ohnehin prekären Situation noch schlechtere Lage auf dem Wohnungsmarkt manifestiert, drohen Verteilungskämpfe, die alle Bemühungen für eine Akzeptanz von Flüchtlingen zunichte machen würden. Rechte Demagogen und Fremdenfeinde versuchen derzeit, eine solche Entwicklung als quasi unausweichlich herbeizureden. Vereinzelte Vorkommnisse, in denen Mieter in kommunalen Wohnungen gekündigt wurden, weil diese für Flüchtlinge gebraucht würden, sind allerdings Wasser auf die Mühlen dieser Kreise.

Zur Lösung der Wohnungsfrage gibt es derzeit verschiedene Ansätze. Zum einen will der Bund die soziale Wohnraumförderung nochmals massiv aufstocken. Zudem soll das Baurecht gelockert werden, um Wohnungen, aber auch Sammelunterkünfte in Leicht- beziehungsweise Kompaktbauweise errichten zu können, was beispielsweise den Verzicht auf Unterkellerung und höchste energetische Standards sowie Lärmschutzstandards beinhalten kann. Dies würde den Wohnungsbau billiger und vor allem schneller machen. In Berlin sollen im kommenden Jahr mindestens 15.000 Wohnungen in diesem Segment entstehen, die nach Fertigstellung den kommunalen Wohnungsbaugesellschaften übertragen werden und ausdrücklich auch für die anspruchsberechtigten deutschen Bewerbern zur Verfügung stehen.

Auch eine zielgenauere Verteilung von Flüchtlingen innerhalb Deutschlands könnte einen Beitrag zur Entspannung leisten. Zwar macht es wenig Sinn, Flüchtlinge vermehrt in Orte mit hohen Leerständen zu schicken, wenn es dort keine ausreichende Infrastruktur und kaum Arbeitsplätze gibt. Doch es gibt auch Städte, die sich im Aufschwung befinden und trotzdem noch über Leerstandspotenziale verfügen, wie zum Beispiel Brandenburg an der Havel. Dort sollen jetzt ursprünglich für den Abriss vorgesehene Mittel für die Instandsetzung verwendet werden. Ferner soll die Beschlagnahme leerstehender Wohnungen erleichtert werden.

Allerdings muss klar sein, dass dies alles nicht binnen sehr kurzer Zeit die Probleme der Wohnraumversorgung – sei es für Flüchtlinge, sei es für auf billigen Wohnraum angewiesene Deutsche – lösen kann. Aber es wären wichtige Schritte, die zudem unabhängig von der Bewältigung der aktuellen Krise für eine nachhaltige Verbesserung der sozialen Wohnraumversorgung sorgen könnten.

Die »Willkommenskultur« oder:
Wie sich der Staat
aus der Verantwortung stiehlt

Es war ein neues deutsches »Sommermärchen«. Je mehr Flüchtlinge über die offenen Grenzen vor allem in Bayern nach Deutschland kamen, desto mehr Initiativen sprossen wie Pilze aus dem Boden, um die Ankömmlinge freundlich zu empfangen und mit praktischer Hilfe zu unterstützen. Das Spektrum der Helferszene ist breitgefächert, insgesamt haben sich wohl mehrere hunderttausend Menschen mehr oder weniger engagiert. Es werden Flüchtlinge an Grenzübergängen begrüßt und willkommen geheißen, Kleidung und Spielzeug gesammelt, Deutschkurse und Freizeitaktivitäten angeboten, ehrenamtliche Dolmetscher und medizinische Betreuung organisiert oder auch kurzfristige Unterbringungsmöglichkeiten bereitgestellt. Mal sind es ein paar Hausfrauen und Rentner in kleinen Ortschaften, mal sind es große Netzwerke mit weit über 100 aktiven Helfern. Besonders an Brennpunkten, wie der zentralen Erstaufnahmestelle im Landesamt für Gesundheit und Soziales in Berlin-Moabit, herrschten monatelang chaotische Zustände. Tausende Flüchtlinge warteten dort im Hochsommer auf die Registrierung, teilweise wochenlang. In den ersten Wochen mussten die freiwilligen Helfer sogar für die Versorgung mit Wasser und Lebensmitteln sorgen, da die zuständigen Behörden dazu nicht in der Lage waren. Viele Flüchtlinge mussten tagelang in den umliegenden Grünanlagen kampieren, da Zuweisungen und Transporte in Notunterkünfte nicht klappten. Während das LaGeSo um 18 Uhr und am gesamten Wochenende seine Pforten schloss (inzwischen nicht mehr), waren die Helfer rund um die Uhr vor Ort, da auch nachts vollkommen hilflose und desorientierte Flüchtlinge am LaGeSo an-

kamen und irgendwie versorgt und untergebracht werden mussten. Die Helferszene ist ausgesprochen bunt: Studenten, Arbeits-
lose, Rentner, Hausfrauen und auch viele Berufstätige, die ihre
Freizeit opfern. Zwar gibt es bei der Versorgung und Betreuung der Flüchtlinge mittlerweile gewisse Fortschritte, aber nur in
Trippelschritten.

Dieses Helfer-Engagement ist unverzichtbar, um den Zustrom zu bewältigen und an manchen Orten gar humanitäre Katastrophen zu verhindern. Denn die deutschen Behörden und
auch die professionellen Wohlfahrtsverbände sind nicht im Entferntesten auf die Entwicklung vorbereitet, weder finanziell noch
personell und infrastrukturell. Entsprechend salbungsvoll sind
die einhelligen Lobeshymnen auf die freiwilligen Helfer – ganz
im Geiste des »Wir schaffen das«-Mantras der Bundeskanzlerin.
Gleichzeitig wird von der Politik beteuert, dass es weder Steu-
ererhöhungen noch Kürzungen in anderen sozialen Bereichen
geben wird. Auch die »schwarze Null« im Bundeshaushalt, also
der Verzicht auf neue Kredite habe Bestand. Das ist zum einen
zutiefst unehrlich, denn nicht nur die Erstaufnahme und Versorgung, sondern vor allem die Integration der Zuwanderer in die
deutsche Gesellschaft wird Geld kosten, sehr viel Geld. Das heißt
aber auch im Klartext, dass der Staat weiterhin darauf baut, dass
zehntausende Menschen unbezahlt in ihrer Freizeit jene Arbeit
leisten, für die eigentlich der Staat im Rahmen der sozialen Daseinsvorsorge zuständig ist. Denn längst geht es vielerorts nicht
mehr nur um nachbarschaftliches Engagement für die Integration der Flüchtlinge und ihrer Kinder, sondern um elementare
Grundversorgung. Diese Form der Entstaatlichung ist nicht neu,
auch die »Tafeln« nehmen seit vielen Jahren diese Rolle wahr,
indem sie in über 900 Ausgabestellen gespendete Lebensmittel
regelmäßig an über 1,5 Millionen Bedürftige verteilen. Auch bei
der Betreuung von Alten und Gebrechlichen ist das Ehrenamt
auf dem Vormarsch. Doch bei der Flüchtlingshilfe hat diese Entwicklung eine ganz neue Dimension angenommen.

Viele Helfer klagen mittlerweile über Erschöpfung und mangelnde Unterstützung seitens der offiziellen Stellen – und machen größtenteils dennoch weiter. Im Folgenden zur »Willkommenskultur« und der Arbeit der ehrenamtlichen Helfer ein Interview mit Diana Henniges, die vor zwei Jahren mit einigen Gleichgesinnten die mittlerweile bundesweit bekannte Initiative »Moabit hilft« gegründet hat und inzwischen regelmäßiger Gast in den einschlägigen TV-Talkshows ist.

»Wir lassen da nicht locker« – Interview mit Diana Henniges von »Moabit hilft«

»Moabit hilft« wurde 2013 von Ihnen gegründet. Was waren Ihre Beweggründe?
Auslöser waren eigentlich die Ausschreitungen in Berlin-Hellersdorf, wo es massive Proteste gegen eine Flüchtlingsunterkunft, aber auch sehr viel örtliche Unterstützung für die Ankömmlinge gab. Das hat mich sehr beeindruckt. Und da es in der Umgebung meiner Wohnung ebenfalls zwei Unterkünfte mit insgesamt 500 Plätzen gab, dachte ich mir: Da muss ich auch was tun.

Im Stadtteil Moabit gibt es viele soziale Probleme: überdurchschnittlich viele Erwerbslose, viele arme Migrantenfamilien, besonders aus den EU-Ländern Bulgarien und Rumänien, Obdachlose, dramatische Knappheit an bezahlbarem Wohnraum auch für Normalverdiener und eine große Drogenszene. Warum beziehen Sie sich bei Ihrem Engagement ausschließlich auf Flüchtlinge?
Das ist eines jener weitverbreiteten Vorurteile über uns. Wir wollen im Rahmen unserer Möglichkeiten möglichst vielen Benachteiligten und Schutzbedürftigen helfen. Das betrifft die vielen Sinti- und Roma-Familien genauso wie die Obdachlosen, die einen Platz zur Überbrückung in der Kältehilfe brauchen. Wir wollen eben gerade nicht, dass ärmere Menschen gegeneinander ausgespielt werden.

Als »Moabit hilft« anfing, waren die Flüchtlingszahlen noch relativ überschaubar. Was hat die Initiative seinerzeit gemacht?
Wir haben unter anderem Deutschunterricht und Kinderbetreuung organisiert, Sachspenden gesammelt und verteilt, Ausflüge

gemacht und bei Behördengängen begleitet: Also alles uns Mögliche, was im Sinne der Integration von Flüchtlingen in ihr neues Umfeld sinnvoll ist.

Im Sommer begann der Run auf die zentrale Erstaufnahmestelle im Landesamt für Gesundheit und Soziales (LaGeSo), wo sich manchmal mehrere tausend Flüchtlinge aufhielten, die teilweise tage- und wochenlang auf ihre Registrierung warten mussten. »Moabit hilft« hat sich dann darauf konzentriert. Welche Situation haben Sie am Anfang vorgefunden?

Als wir anfingen, gab es dort nicht einmal einen für die Trinkwasserversorgung zugelassenen Wasserhahn. Es gab keine Lebensmittel für die Flüchtlinge und auch keine medizinische Versorgung. Viele waren vollkommen desorientiert und wussten auch nicht, wie es jetzt weitergeht, weil es keine Dolmetscher gab. Selbst Unterstände zum Schutz vor der im Sommer sengenden Sonne waren nicht vorhanden. All diese Dinge haben wir dann allmählich auf den Weg gebracht.

Wie hat sich die Lage bis zum heutigen Tag entwickelt? Gibt es jetzt, ein halbes Jahr später, Strukturen, die eine einigermaßen menschenwürdige Versorgung der Flüchtlinge am LaGeSo ermöglichen?

Nach langen Anlaufschwierigkeiten haben sich die Behörden sicherlich bemüht, die Situation zu verbessern. Aber immer nur in Trippelschritten, und vieles ist auch eher kosmetischer Art. Noch immer ist die Versorgung mit warmen Mahlzeiten unzureichend, und die medizinische Versorgung wird nach wie vor hauptsächlich von ehrenamtlichen Ärzten und Pflegekräften geleistet. Obwohl sich auf dem Gelände oftmals mindestens 100 ehrenamtliche Helfer aufhalten, teilweise auch nachts, gibt es fünf feste Stellen – viel zu wenig, um deren Einsatz zu planen und zu koordinieren. Die ganze Situation am LaGeSo ist nach wie vor ein Armutszeugnis für die Stadt Berlin.

Können die eingangs erwähnten anderen Aktivitäten von »Moabit hilft« angesichts der Belastung am LaGeSo überhaupt noch fortgeführt werden?
Durchaus. Wir haben mittlerweile so viele Unterstützer, dass wir auch weiterhin Deutschunterricht für Flüchtlinge in den bestehenden Unterkünften anbieten, Kinderfeste organisieren und Behördengänge begleiten. Und auch sonst ist ja einiges zu tun: Die Website muss gepflegt, Kontakte zu Sponsoren geknüpft werden. Das ist alles vielleicht nicht so spektakulär wie die Arbeit am LaGeSo, aber das gehört eben auch zu »Moabit hilft«.

Von Medien, Politikern und Behörden wird Ihre Arbeit einhellig gelobt, auch die Spendenbereitschaft ist beträchtlich. Begegnet Ihrer Initiative und vor allem den Flüchtlingen hier in Moabit auch Ablehnung oder gar offene Feindseligkeit, wie man es aus vielen anderen Orten hört?
Fremdenfeindlichkeit entsteht doch in Milieus, wie wir sie auch in Moabit haben, vor allem durch Unwissenheit. Wir haben uns immer bemüht, unsere Arbeit und unsere Intentionen offensiv und transparent in die Öffentlichkeit zu tragen und sind sehr gut damit gefahren. Und es ist auch angekommen, dass wir keine Sonderbehandlung von Flüchtlingen wollen, sondern Unterstützung für alle bedürftigen Gruppen. Offene Anfeindungen haben wir hier in Moabit bisher nicht erlebt, aber dafür umso heftiger in überregionalen Zusammenhängen, bis hin zu heftigen Drohungen von Neonazis.

Sie selbst sind seit Jahren auch hauptberuflich in der Flüchtlingsarbeit tätig, aber fast alle Mitglieder der Initiative arbeiten dort ehrenamtlich, teilweise mit einem Zeitaufwand, der einem Halbtags- oder gar Fulltimejob entspricht. Wie kann das auf längere Sicht funktionieren?
Eigentlich gar nicht. Die Belastung ist auf Dauer nicht tragbar, und wir fordern schon lange, dass die Arbeit professionalisiert werden muss, sei es durch Einstellungen der Ehrenamtlichen, sofern die dazu bereit und in der Lage sind, oder sei es durch andere hauptberufliche Kräfte.

Letztendlich werden jene ehrenamtlichen Helfer, die mit dieser Intensität für die Betreuung und Versorgung von Flüchtlingen arbeiten, doch missbraucht, um das staatliche Versagen zu kompensieren. Sie passen gut in die herrschende Politik, die Aufgaben der öffentlichen Daseinsvorsorge in den privaten Charity-Bereich auslagern will. Dieses Phänomen ist seit Jahren unter anderem bei den Tafeln zu beobachten, die Bedürftige mit Lebensmitteln versorgen. Zugespitzt gefragt: Machen Sie sich zum Handlanger dieser Politik?

Das sehe ich nicht so. »Moabit hilft« ist eine jener Initiativen, die ausgesprochen unbequem und ungemütlich für die Politiker und die Behörden sind. Denn wir legen offensiv unsere Finger in die Wunden und verlangen beharrlich strukturelle Änderungen im Umgang mit Flüchtlingen. Wir sind in allen relevanten Gremien zu Flüchtlings- und Integrationsfragen vertreten und stehen in engem Kontakt mit der Senatsverwaltung, der wir auch öffentlich gehörig Zunder geben. Wir ziehen eindeutige Grenzen und haben uns beispielsweise aus der Essensversorgung zurückgezogen, mit der Ansage: Wenn Ihr das nicht geregelt bekommt, werden hier bald Menschen regelrecht Hunger leiden – plötzlich ging es! So war das auch in einigen anderen Bereichen, zum Beispiel bei der medizinischen Versorgung. Wir lassen da nicht locker.

Dennoch: Warum fordern Sie nicht offensiv, dass Menschen, die Arbeiten erledigen, für die der Staat im Rahmen der sozialen Daseinsvorsorge verantwortlich ist, nicht wenigstens ein Honorar in Höhe des gesetzlichen Mindestlohns von 8,50 Euro pro Stunde erhalten? Politik und Behörden gestehen ja freimütig ein, dass die Betreuung der Flüchtlinge am LaGeSo ohne »Moabit hilft« regelrecht zusammenbrechen würde.

Das hängt mit der moralischen Einstellung vieler Mitglieder unserer Initiative zusammen. Die sehen ihren Einsatz als freiwilliges humanitäres Engagement und wollen dafür keine Vergütung. Ich kann da nicht einfach vorpreschen, wenn ich weiß, dass das Gros der Leute in der Gruppe nicht dahintersteht. Einig sind wir uns allerdings, dass diese Arbeit mittelfristig von regulären professionellen Kräften gemacht werden muss.

Die politischen Lobeshymnen auf »Moabit hilft« wollen schier kein Ende nehmen. Fühlen Sie sich dadurch geehrt, oder finden Sie das eher zynisch?
Ich fühle mich verschaukelt. Ich lasse mir doch nicht ausgerechnet von denen Lorbeerkränze flechten, die durch ihre Ignoranz und Unfähigkeit die Probleme erst geschaffen haben. Deswegen haben wir auch die Einladung des Regierenden Bürgermeisters zu einem Empfang ausgeschlagen. Ich will nicht von jemandem gelobt werden, der seine Arbeit nicht anständig macht.

Sie würden demnach auch keine Verdienstmedaillen oder gar das Bundesverdienstkreuz annehmen, dessen Verleihung bereits vorgeschlagen wurde?
Das würde ich definitiv ablehnen.

Wie lange können Initiativen, wie »Moabit hilft«, diese Arbeit noch durchhalten? Gibt es eine »Rote Linie«?
Eigentlich ist die »Rote Linie« längst überschritten. Wir haben bei uns auch schon die ersten Burn-out-Fälle, also Mitstreiter, die das ganze geballte Elend emotional oder einfach physisch nicht mehr aushalten und dann aussteigen müssen. Das sind oftmals Leute, die schon länger dabei und kaum zu ersetzen sind. Auf Dauer ist das jedenfalls nicht machbar.

Konkrete Hilfe für die Flüchtlinge ist das Eine, die Flüchtlingspolitik das Andere. Die Zeichen stehen jetzt wieder auf forcierte Abschiebung und Abschottung. Wie positioniert sich »Moabit hilft« in dieser Frage?
Wir sagen klipp und klar und das auch öffentlich, dass wir die jüngsten Asylrechtsverschärfungen der Großen Koalition, die ja auch von den Grünen mitgetragen wurden, in weiten Teilen für menschenverachtend halten. Das betrifft die erleichterten Abschiebungen von Sinti und Roma in die Balkanstaaten ebenso wie die weiteren Restriktionen bei der Versorgung und Integration hier lebender Flüchtlinge. Es gibt hier keine menschenwürdige Grundversorgung, das, was die Politik jetzt macht, geht eher in Richtung Aufbewahrung.

*In der Helferszene ist auch die Forderung nach »offenen Grenzen für alle«
recht populär. Gibt es tatsächlich keine Grenzen der Belastbarkeit bei der
Aufnahme von Flüchtlingen in Deutschland?*

Da kann ich nicht für die ganze Gruppe sprechen, weil es da
durchaus unterschiedliche Auffassungen gibt. Moabit ist ja auch
politisch sehr heterogen, von radikal links bis konservativ. Aber
ich stehe nicht unbedingt hinter der Forderung nach offenen
Grenzen für alle. Doch es sollte auch klar sein, dass der mo-
mentane Flüchtlingszugang einer internationalen Katastrophe
geschuldet ist, und da können wir nicht einfach die Grenzen zu-
machen, das wäre meines Erachtens Mord. Und falls es in diesem Jahr tatsächlich eine Million Flüchtlinge werden, die bei uns
Schutz suchen, dann ist es fast schon lächerlich zu sagen, das
können wir auf keinen Fall verkraften.

*Rassistische Anfeindungen und Übergriffe spielen glücklicherweise in Ber-
lin-Moabit kaum eine Rolle. Aber in großen Teilen Deutschlands ist eine
massive Stimmung gegen Flüchtlinge zu verzeichnen. Wie kann dem begegnet werden?*

Da ist vor allem die Politik gefragt. Man kann nicht auf der einen
Seite sagen »Wir schaffen das« und auf der anderen Seite im-
mer wieder den rechtspopulistischen Forderungen auf Kosten
der Flüchtlinge entgegenkommen. Es müsste auf allen Ebenen,
Kommunen, Ländern und Bund, eine vernünftige, aufklärerische
Informationspolitik geben, um den Bürgern klarzumachen, dass
Flüchtlinge mit ihrem nach wie vor minimalen Anteil an der Ge-
samtbevölkerung keine Bedrohung darstellen, sondern auch als
Chance verstanden werden können.

Aber es gibt auch Bürger – nicht nur in Ostdeutschland –, die schlicht und einfach verunsichert sind und sich in ihren sozialen Besitzständen und in ihrem Lebensumfeld durch Flüchtlinge gefährdet sehen. Müssten Initiativen, wie »Moabit hilft«, nicht den Dialog mit diesen Bürgern suchen?

Natürlich muss es einen Dialog geben, auch um Vorbehalte besser zu verstehen und Vorurteile abbauen zu können. Das geht aber nur, wenn man an einem Minimum an Dialogbereitschaft anknüpfen kann. Bei denjenigen, die in Heidenau oder Freital die Scheiben einschlagen und Brandsätze werfen, sehe ich das eher nicht.

Es ging bei meiner Frage doch nicht um militante Fremdenfeinde und Neonazis, sondern um den vielzitierten »besorgten Bürger«, den man, wenn man sich abseits des eigenen Dunstkreises ein wenig umschaut, auch hier in Moabit findet.

Ja, den »besorgten Bürger« gibt es sicherlich. Doch es mangelt oft an dem Willen zu einer ernsthaften Auseinandersetzung mit den Problemen und einer gewissen Empathiefähigkeit. Und da wird es für Menschen, die anderen Menschen, die sich in Not befinden, helfen wollen, schwierig mit dem Dialog.

Eine letzte Frage: Wenn Sie zur Senatorin für Flüchtlingsfragen in Berlin oder gar zur Bundesministerin für Flüchtlinge und Integration ernannt werden würden, was wäre Ihr 100-Tage-Sofortprogramm?

Sofortiger Zugang für Flüchtlinge zu Deutschunterricht, Praktika und Arbeitsmarkt. Geld- statt Sachleistungen für Flüchtlinge, um deren auch durch das Grundgesetz geschützte Würde zu wahren und ein Minimum an gesellschaftlicher Teilhabe zu ermöglichen. Weg von den Massenunterkünften, stattdessen schneller Ausbau von geeigneten leerstehenden Gebäuden für individuelle Wohnformen.

Ängste müssen ernst genommen werden

Tiefgreifende Änderungen der persönlichen Lebensumstände und der gesellschaftlichen Rahmenbedingungen, egal ob sie real oder nur scheinbar empfunden werden, sind schwierige Prozesse, für jeden Einzelnen und auch für ganze Bevölkerungsgruppen. Es ist daher vollkommen normal, dass Zuwanderung in der aktuellen Größenordnung auf große Verunsicherung bis hin zur Ablehnung trifft und Ängste hervorruft, sei es vor sozialen Verschlechterungen oder – eher diffus – vor »Überfremdung«.

Es ist fatal und falsch, dass in gewissen Kreisen alle Menschen, die ad hoc Flüchtlingen nicht positiv gegenüberstehen, pauschal als Fremdenfeinde, Rassisten oder gar Nazis denunziert werden. Skepsis und Ablehnung gegenüber der Aufnahme von Flüchtlingen findet man nicht nur bei AfD- und CDU-Anhängern, sondern in allen politischen Lagern, bis hin zur Partei DIE LINKE. Und es ist auch kein Paradoxon, dass Bewegungen und Initiativen, die sich gegen die Aufnahme von Flüchtlingen wenden, besonders in jenen Städten und Regionen starken Zulauf haben, in denen sehr wenig Ausländer und noch weniger Muslime leben. Über eigene Erfahrungen im Zusammenleben mit Fremden verfügt man dort nicht, dafür haben sich Bilder und Berichte über migrantische Parallelgesellschaften (»Neuköllner Zustände«) und aggressive Salafisten, die in bestimmten Moscheen Nachwuchs für die Terrororganisation IS rekrutieren oder auf der Straße »Scharia-Polizei« spielen wollen, festgesetzt.

Diese Bilder mögen teilweise gewaltig überzogen sein, doch sie haben einen wahren Kern. Der Staat ist seiner Aufgabe, allen Arbeitsmigranten und Flüchtlingen aus anderen Kulturkreisen die Werteordnung eines säkularen, demokratischen Gemeinwesens zu vermitteln und durchzusetzen, nicht immer in gebotenem Umfang nachgekommen. Das ist sicher auch problematisch in einem Land, in dem es eben keine strikte Trennung von Staat und Kirche gibt, wie in Deutschland, wo zum Beispiel Religionslehrer wie auch ein Großteil des Personals der beiden christlichen Kirchen aus öffentlichen Mitteln bezahlt werden. Er ist aber vor allem nicht seiner Aufgabe nachgekommen, flächendeckende oder gar verpflichtende Integrationsangebote zu entwickeln, besonders das Erlernen der deutschen Sprache betreffend.

Für fanatische Fremdenhasser und Neonazis, und davon gibt es in Deutschland leider viel zu viele, bietet das zusammen mit den Ängsten in Teilen der Bevölkerung einen optimalen Nährboden. Der Ton bei PEGIDA und ihren Ablegern vor allem in ostdeutschen Städten hat sich in den vergangenen Monaten deutlich verschärft. Auch die Zahl fremdenfeindlicher Übergriffe bis hin zu Brandanschlägen auf geplante oder gar schon bewohnte Flüchtlingsunterkünfte ist dramatisch angestiegen. Zudem – fast noch beunruhigender – erfahren derartige Aktionen auch zunehmende Akzeptanz in Teilen der örtlichen Bevölkerung.

Besonders im Internet hat sich eine Szene etabliert, die die Angst und die Wut auf »die Volksverräter« in der Regierung und den Hass auf Flüchtlinge systematisch anheizt. Quasi im Minutentakt findet man immer neue Berichte über Übergriffe, kriminelle Handlungen (besonders Überfälle und Vergewaltigungen) und asoziales Verhalten von Flüchtlingen. Die Quellen sind in der Regel nebulös, die vermeintlichen Ereignisse erweisen sich bei seriöser Recherche nicht selten als frei erfunden oder zumindest absurd übertrieben, aber diese Art der »Gegenöffentlichkeit« als vermeintlicher Gegenpol zur »gleichgeschalteten Lügenpresse« zeigt Wirkung, wie man auch in Gesprächen mit ganz normalen Bürgern, die nicht der harten rechten Szene angehören, immer wieder feststellen kann.

Die Einpeitscher nehmen diesen Background dankend auf und spielen dabei teilweise genussvoll mit Assoziationen zur faschistischen Ideologie. Der Fraktionsvorsitzende der AfD in Thüringen, Björn Höcke, schwadroniert auf Kundgebungen von den »Angstträumen blonder Frauen« und beschwört den völkischen Ungeist: »Ich will, dass Deutschland nicht nur eine tausendjährige Vergangenheit hat. Ich will, dass Deutschland auch eine tausendjährige Zukunft hat.« Er kooperiert auch offen mit Neonazis. Auch bei PEGIDA in Dresden haben sich Rhetorik und Erscheinungsbild bei den Demonstrationen und Kundgebungen deutlich radikalisiert. Trauriger Höhepunkt bislang der Auftritt des deutsch-türkischen Autors Akif Pirinçci, der in dem Satz gipfelte: »Die KZs sind ja leider derzeit außer Betrieb.«

Ein einigermaßen rationaler Dialog über Flüchtlinge und Zuwanderung ist auf dieser Basis kaum noch möglich, Anhänger der »Willkommenskultur« und »besorgte Bürger« stehen sich sprachlos und oftmals regelrecht feindlich gegenüber und sind nicht bereit, einander zuzuhören. Dabei müssen die Verunsicherung und die Ängste unbedingt ernst genommen werden, auch und gerade um Neonazis und Rassisten isolieren zu können. Die herrschende Politik versucht es derzeit mit mehr oder weniger willkürlichen Verschärfungen des Asylrechts. Eine zielführende und transparente Flüchtlings- und Einwanderungs- sowie Integrationspolitik sieht anders aus. Es lohnt sich jedenfalls, einige oft zu vernehmende Thesen ein wenig zu beleuchten.

1. Die Grenze der Belastbarkeit ist erreicht

Wie viele Flüchtlinge im Jahr 2015 insgesamt in Deutschland Zuflucht gesucht haben werden, ist noch nicht präzise zu ermitteln. Die des Öfteren genannte Zahl von einer Million ist durchaus realistisch, könnte aber auch unter- oder überschritten werden.

Da lohnt sich zunächst ein Blick auf die Bevölkerungsstatistik. 2014 betrug die Gesamtbevölkerung Deutschlands 81,1 Millionen Menschen. Gegenüber dem Höchststand von 2002

(82,54 Millionen) bedeutet dies einen Rückgang um 1,44 Millionen. Ohne Zuwanderung würde die Bevölkerung im laufenden und in den kommenden Jahren aufgrund der demographischen Entwicklung weiter schrumpfen. 2014 wurden in Deutschland 715.000 Kinder geboren, selbst wenn diese Zahl in den kommenden Jahren allmählich anstiege, würde das den Bevölkerungsrückgang nicht zum Stillstand bringen.

Von drohender Überbevölkerung aufgrund von Zuwanderung kann auf gesamtstaatlicher Ebene jedenfalls keine Rede sein. Eine Million Flüchtlinge entsprechen lediglich 1,23 Prozent der Gesamtbevölkerung. Das ändert allerdings nichts daran, dass viele Städte, Landkreise und Kommunen in der Tat an der Grenze ihrer Belastbarkeit angekommen sind und kaum noch Möglichkeiten haben, die zugewiesenen Flüchtlinge einigermaßen menschenwürdig unterzubringen. Oft fehlt es auch an der Infrastruktur, um die Neuankömmlinge angemessen versorgen zu können, von Integrationsangeboten, Schul-, Kita- und Arbeitsplätzen ganz zu schweigen.

Die Lösungsansätze liegen auf der Hand. Zum einen handelt es sich um ein temporäres Problem, da viele Flüchtlinge nach ihrer Zeit in Not- und Erstaufnahmeeinrichtungen anders verteilt werden können. Wer nach Abschluss seines Asylverfahrens einen Aufenthaltsstatus erhält, wird sich ohnehin dort niederlassen, wo er für sich und seine Familie eine gute Lebensperspektive sieht. Ferner ist klar, dass viele Flüchtlinge in Deutschland keine Bleibeperspektive haben und das Land mittelfristig verlassen müssen.

Für die aktuell überlasteten Kommunen ist das allerdings nur ein schwacher Trost. Immerhin werden sie durch die Neuregelung der Kostenübernahme durch den Bund in die Lage versetzt, mehr Mittel für Flüchtlinge einzusetzen und auch mehr Personal einzustellen beziehungsweise mit der Flüchtlingsarbeit betraute Träger besser auszustatten. Das alles kostet nicht nur Geld, sondern auch Zeit, und es erfordert Geduld, doch die Probleme sind objektiv lösbar.

Einige Kommunen begreifen den Zuzug von Flüchtlingen sogar ausdrücklich als Chance für ihre künftige Entwicklung. So hat der Oberbürgermeister der niedersächsischen Stadt Goslar, Oliver Junk (CDU), mehrfach erklärt, dass er sogar mehr Flüchtlinge aufnehmen möchte als bisher, da dies die Chance eröffnen würde, den dramatischen Bevölkerungsrückgang und den damit verbundenen Verfall der Infrastruktur zu stoppen und der Stadt zu einem neuen Aufschwung zu verhelfen. Junk verweist auf den Wohnungsleerstand von rund zehn Prozent sowie weitere nicht genutzte Gebäude und den durch Abwanderung und Altersstruktur der Harz-Stadt bedingten eklatanten Fachkräftemangel. Junk plädiert dafür, gut qualifizierte Flüchtlinge – auch solche aus den Westbalkanstaaten – aus dem Asylverfahren herauszunehmen und eine dauerhafte Bleibeperspektive zu ermöglichen. Nicht nur seine Stadt böte sich an, als Modellregion für diese Form der Zuwanderung zu fungieren. Dies erfordere allerdings auch zusätzliche Mittel für die Integration der Flüchtlinge und eine Verzahnung mit Institutionen der Wirtschafts- und Arbeitsförderung. Natürlich ist das Beispiel Goslar nicht eins zu eins auf alle schrumpfenden Mittelstädte zu übertragen. Doch den demographischen Teufelskreis kennt man auch in anderen Teilen Deutschlands nur zu gut: Bevölkerungsrückgang – Reduzierung der städtischen Infrastruktur (Schwimmbäder, Bibliotheken, Schulen, Kitas etc.) und Wohnungsleerstand – Wegzug vor allem jüngerer und qualifizierter Menschen und von Familien mit Kindern in attraktivere Regionen – Fachkräftemangel, daher keine Ansiedlung von Unternehmen, die Arbeitsplätze anbieten – weiterer Bevölkerungsrückgang.

Auch in Goslar gibt es Zweifel und Ängste vor Zuwanderung. Doch der Bürgermeister sucht den Dialog und verweist immer wieder darauf, dass nur Zuwanderung den weiteren Niedergang der Stadt stoppen kann. Das ist sicherlich nicht der »Königsweg« für die Lösung aller mit der Flüchtlingswelle zusammenhängenden Probleme. Aber es ist ein guter und wichtiger Ansatz.

2. Durch Flüchtlinge steigt die Kriminalität

Auch diese These bedarf einer genaueren Betrachtung und lässt sich durch Kriminalitätsstatistiken nicht so ohne weiteres erhärten. Eine bundesweite Erhebung zur Delinquenz von Flüchtlingen gibt es nicht. Erfasst werden auf dieser Ebene lediglich die Staatsangehörigkeiten von Tatverdächtigen, nicht von rechtskräftig Verurteilten.

Die Statistiken regionaler und örtlicher Polizeibehörden ergeben kein einheitliches Bild. Während in Berlin und Bremen demnach keine signifikante Häufung von Straftaten von Flüchtlingen oder im Umfeld von Flüchtlingsunterkünften festzustellen ist, zeichnen die Behörden von Baden-Württemberg sowie einzelnen Städten und Landkreisen in verschiedenen Bundesländern ein anderes Bild. Das betrifft in erster Linie Laden- und andere Diebstähle. Aber besonders bei Schwerstkriminalität (Tötungsdelikte, schwere Körperverletzung) und den oft kolportierten vermehrten Sexualdelikten ist keine statistisch relevante Häufung der Delinquenz gegenüber in Deutschland ansässigen Vergleichsgruppen feststellbar. Auch Wohnungseinbrüche und Autodiebstähle sind eher organisierten kriminellen Banden ausländischer Staatsbürger, die sich auf der »Durchreise« befinden, zuzurechnen als registrierten Flüchtlingen.

Dennoch ist davon auszugehen, dass sich unter den Flüchtlingen auch Menschen befinden, die die Flucht nach Deutschland gezielt zur Begehung von Straftaten nutzen wollen. Es gibt auch Hinweise auf die gezielte Einschleusung von Kriminellen unter dem Deckmantel des Asylantrags. Das betrifft sowohl Raubtaten als auch Rauschgifthandel und konzentriert sich auf Flüchtlinge einiger Herkunftsländer. Allerdings nicht im Entferntesten in den Größenordnungen, die in einschlägigen Foren gern kolportiert werden. Es ist Aufgabe der Polizei und der Justiz, diese Täter dingfest zu machen, ihrer Bestrafung zuzuführen und in Fällen von Schwerst- und Mehrfachkriminalität auch unverzüglich auszuweisen. Dies geschieht auch, wenn auch nicht in dem Tempo, das sich viele Menschen wünschen. Unverantwortlich wäre es dagegen, quasi alle Flüchtlinge als potenzielle Kriminelle zu denunzieren, auf diese Weise auszugrenzen und somit alle Chancen auf eine erfolgreiche Integration zu verbauen.

3. Die Flüchtlinge gefährden unseren Wohlstand und plündern unsere Sozialkassen

Da stellt sich allerdings die Frage: Was ist eigentlich »unser« Wohlstand? In der Tat ist Deutschland eines der reichsten Länder der Welt. Das Bruttoinlandsprodukt, also die Summe aller im Inland hergestellten Waren und Dienstleistungen, betrug 2014 pro Kopf der Bevölkerung 35.400 Euro, das sind 8.000 Euro mehr als zehn Jahre zuvor. Die Steuereinnahmen beliefen sich auf 644 Milliarden Euro und werden 2015 weiter steigen. Die Vermögen privater Haushalte erreichten im ersten Quartal 2015 den Rekordwert von 9,3 Billionen Euro.

Doch wie ist das Vermögen verteilt? Es beginnt bei den Steuereinnahmen. Allein durch die konsequente Bekämpfung der Steuerhinterziehung könnten bis zu 100 Milliarden zusätzlich in die öffentlichen Haushalte fließen – pro Jahr. Viele weitere Milliarden stünden durch eine angemessene Besteuerung von Spitzenverdienern, Vermögen und Erbschaften zur Verfügung.

Auch die Streuung der privaten Vermögen lässt den Begriff »unser Wohlstand« obsolet erscheinen. Laut einer Erhebung des Deutschen Instituts für Wirtschaftsforschung (DIW), die sich im Wesentlichen mit den Zahlen der OECD deckt, besitzen die superreichen Deutschen (0,1 Prozent der Bevölkerung) rund 15 Prozent der privaten Vermögenswerte, das reichste Prozent bringt es auf 30 Prozent, das obere Zehntel kommt auf fast 70 Prozent. Die ärmsten 60 Prozent kommen hingegen lediglich auf sechs Prozent des gesamten Vermögens. Knapp zehn Prozent der Bevölkerung verfügen nicht nur über keinerlei Vermögen, sondern gelten als überschuldet.

Wenn man also über Kosten für die Aufnahme von Flüchtlingen redet, kann man getrost behaupten: An Geld mangelt es nun wirklich nicht. Das betrifft natürlich auch alle anderen sozialen Problemzonen in Deutschland: unzureichende Regelsätze für Hartz-IV-Empfänger, mangelnde Förderung von Langzeiterwerbslosen, Armutsrenten, Obdachlose und Straßenkinder bis hin zu den eklatanten Defiziten bei der Ausstattung von Schulen und Kindertagesstätten in vielen Orten.

Für Menschen, die selber in eher prekären Verhältnissen leben, stellt sich die Situation subjektiv allerdings anders da. Sie sehen – oftmals das erste Mal in ihrem Leben – größere Gruppen von Menschen aus anderen Ländern und Kulturen mit ihren Smartphones durch die Straßen laufen, schnappen Informationen auf, was diese Flüchtlinge angeblich alles an Leistungen und Zuwendungen erhalten, und haben Angst, dass ihre materielle Situation sich dadurch weiter verschlechtern könnte, weil der Staat wegen der Flüchtlinge an anderen Stellen einspart. Dies darf auf keinen Fall passieren, denn dann wären alle Bemühungen, eine gewisse Akzeptanz für die Migranten zu erreichen und zu stabilisieren, für die Katz. Natürlich sollte in Deutschland Vermögen umverteilt werden, aber nicht in Form eines Konkurrenz- und Verdrängungskampfes unter den Ärmsten des Landes. Doch bei angemessener Besteuerung und gerechterer Verteilung würden die Ressourcen unseres reichen Landes allemal reichen, um sowohl die soziale Daseinsvorsorge für alle bereits in Deutschland lebenden Menschen als auch die Aufnahme und Integration von vielen Schutzsuchenden ausreichend zu finanzieren.

Bezogen auf die Sozialkassen ergibt sich im Prinzip ein ähnliches Bild. Rein statistisch zahlt jeder Zuwanderer, der dauerhaft in Deutschland bleibt, im Laufe seines Erwerbslebens wesentlich mehr in die Sozialkassen ein, als er an Leistungen erhält. Der Überschuss belief sich laut einer Studie des Zentrums für

Europäische Wirtschaftsforschung (ZEW) im Jahr 2013 auf 3.300 Euro pro Kopf und Jahr in Relation zu personenbezogenen Transferleistungen. Da die Erwerbsquote von Zuwanderern in Deutschland zwar immer noch unter dem Gesamtdurchschnitt liegt, aber stetig steigt, ist davon auszugehen, dass sich diese Summe noch erhöhen wird.

Da der Anteil der Erwerbsfähigen an der deutschen Gesamtbevölkerung in den kommenden Jahren drastisch sinken wird, ist Zuwanderung – in welcher Form auch immer – ein entscheidendes Element sowohl zur Deckung des Arbeitskräftebedarfs als auch zur Stabilisierung der Renten- und Pflegekassen.

In Bezug auf die große Zahl der derzeit ankommenden Flüchtlinge muss man das allerdings etwas differenzierter sehen. Während Zuwanderer aus anderen EU-Staaten oder direkt angeworbene Ausländer mit hoher Qualifikation oder einer Ausbildung in Mangelberufen wenig oder gar keine Probleme auf dem deutschen Arbeitsmarkt haben, ist bei den meisten Flüchtlingen mit einer längeren Integrationsphase der Sprachvermittlung und der Qualifikation zu rechnen. Bei jenen, die ein befristetes oder gar dauerhaftes Bleiberecht in Deutschland erhalten können (möglicherweise 50 Prozent), sind die Perspektiven – und somit auch die Effekte für die Sozialkassen – allerdings positiv.

4. Deutschland ist Zahlmeister für Flüchtlinge in der EU

Auch diese Behauptung hält einer näheren Betrachtung nicht stand. Zwar hat Deutschland im Jahr 2014 rund 30 Prozent aller Asylbewerber aufgenommen, doch bezogen auf Asylanträge pro Kopf der Bevölkerung und vor allem auf die wirtschaftliche Leistungsfähigkeit hatten etliche EU-Staaten wesentlich höhere Belastungen zu verkraften. Außer Schweden (8,4 Asylbewerber pro 1.000 Einwohner) lagen auch die EU-Länder Ungarn,

Österreich, Malta und Dänemark in der Pro-Kopf-Statistik vor Deutschland, dazu noch die in die Berechnung einbezogenen Länder Schweiz und Norwegen. Nimmt man das Bruttoinlandsprodukt pro Kopf der Bevölkerung zum Maßstab, dann liegen auch einige Länder, die nur sehr wenige Flüchtlinge aufgenommen haben, vor Deutschland.

Richtig ist, dass sich der deutsche Anteil 2015 deutlich erhöhen wird. Richtig ist ferner, dass sich einige Länder komplett aus der Verantwortung stehlen, wie zum Beispiel Ungarn, das überhaupt keine Flüchtlinge, vor allem aus muslimischen Ländern, mehr aufnehmen will. Ähnliche Töne sind auch aus Tschechien, Polen und der Slowakei zu vernehmen.

Niemand kann ernsthaft von Deutschland verlangen, den Zustrom von Flüchtlingen nach Europa dauerhaft weitgehend allein zu bewerkstelligen. Von Griechenland und Italien, also den Ländern, in denen die meisten Flüchtlinge ankommen, allerdings auch nicht. Doch genau letzteres würde passieren, wenn Deutschland – wie bisweilen gefordert – jetzt seine Grenzen schließt und auf die hundertprozentige Einhaltung der Dublin-Übereinkunft pocht. Denn das würde zwangsläufig eine Kettenreaktion entlang der »Balkanroute« auslösen. Nach Deutschland würden ungefähr in dieser Reihenfolge Österreich, Slowenien, Kroatien, Serbien und Mazedonien ihre Grenzen abriegeln oder sich gar – nach ungarischem Muster – einzäunen.

Es führt kein Weg daran vorbei, auf EU-Ebene einen fairen, verbindlichen Verteilerschlüssel zu vereinbaren, der außer der Bevölkerungszahl auch die Wirtschaftskraft, Indikatoren wie die Erwerbslosenquote, sowie die Zahl bereits in jüngerer Zeit aufgenommener Flüchtlinge berücksichtigt. Und diese Verteilung müsste in der Regel bereits in den Ankunftsländern erfolgen, denn dann entfielen die unhaltbaren Zustände entlang der »Balkanroute«. Doch auch das reicht nicht aus. Vielmehr müssten auch einheitliche europäische Standards für die Aufnahme, Versorgung und Integration der Flüchtlinge und die Bearbeitung

ihrer Asylanträge entwickelt werden. Erst dann kann man Flüchtlingen auch mit Fug und Recht zumuten, nicht unbedingt in dem
EU-Land ihrer Wahl untergebracht zu werden. Gelingt dies nicht,
droht nicht nur der EU der Zerfall, sondern auch anhaltendes
Chaos.

5. Die meisten Flüchtlinge wollen oder können sich nicht integrieren

Die meisten Flüchtlinge, die derzeit zu uns kommen, fliehen vor
existenziellen Bedrohungen aus ihren Heimatländern. Sie haben
dort, aber auch während der manchmal Monate andauernden
Flucht, Dinge erlebt, die kein Mensch erleben will. Sie sind froh
und erleichtert, einen Ort erreicht zu haben, der ihnen zunächst
einmal Schutz bietet und möglicherweise auch eine Lebensperspektive. Unsere Kultur und die Regeln unserer Gesellschaft sind
ihnen oft unbekannt, nur wenige beherrschen unsere Sprache.
Die meisten kommen in unser Land mit wenig mehr als einer
Reisetasche oder einem Rucksack. Die Registrierung und Erstun-
terbringung erfolgt oft unter chaotischen Umständen, für viele ist
das Feldbett in einer Notunterkunft für Wochen oder gar Monate
ihr neues »Zuhause«. Auf dieser Grundlage zu erwarten, dass sich
die Neuankömmlinge sofort und umfassend in die hiesigen Verhältnisse einfügen können, ist unrealistisch. Integration braucht
Zeit und muss aktiv betrieben werden – von beiden Seiten.

Elementare Voraussetzung für Integration ist die Beherr-
schung der Landessprache. Bereits ein rudimentärer Wortschatz
schafft Möglichkeiten der Kommunikation, der nächste Schritt
sind professionell gestaltete Sprachkurse mit qualifiziertem Personal und gestaffelten zertifizierten Abschlüssen. Kindern und
Jugendlichen fällt es erfahrungsgemäß wesentlich leichter, eine
neue Sprache zu erlernen, als Erwachsenen. Kinder haben auch
ein durch internationale Konventionen und das deutsche Aufent-

haltsgesetz festgeschriebenes Recht auf den Besuch von Schulen, theoretisch vom ersten Tag ihres Aufenthaltes an. In einigen Bundesländern gibt es mittlerweile auch ein gutes Netzwerk von »Willkommenskitas« und »Willkommensklassen«, die vor allem erste Sprachkenntnisse vermitteln, um eine möglichst schnelle Integration in Regelangebote zu ermöglichen.

Für Erwachsene ist die Situation schwieriger. Verpflichtende Deutsch- und Landeskundekurse gibt es nur für bereits anerkannte Flüchtlinge. Auch nachbarschaftliche Kontakte helfen natürlich bei den ersten Schritten der Integration. Gerade in diesem Bereich leisten die vielen Initiativen ehrenamtlicher Helfer eine hervorragende Arbeit, oftmals in Kooperation mit Sportvereinen und anderen Trägern der Freizeitgestaltung. Bundesweit für Furore sorgte die Initiative des brandenburgischen Fußball-Regionalligisten Babelsberg 03. Der bietet Migranten – unabhängig vom Aufenthaltsstatus – nicht nur seit Jahren Trainings- und Spielmöglichkeiten an, sondern hat Flüchtlinge sowohl in die eigenen regulären Teams integriert als auch erstmals in Deutschland eine Flüchtlingsmannschaft (»Babelsberg Welcome United 03«) für den offiziellen Spielbetrieb in der Kreisklasse angemeldet. Aber auch viele Musikschulen und Theatergruppen leisten Herausragendes für die Integration von Flüchtlingen. Das gilt auch für jene Betriebe, die Flüchtlingen durch Praktika Einblick in die hiesige Arbeitswelt gewähren. Aber leider gibt es immer noch viel zu viele Flüchtlinge, die von derartigen Angeboten nicht profitieren können, weil es sie in dem jeweiligen Wohnumfeld schlicht und ergreifend nicht gibt.

Klar sollte jedenfalls sein: Wenn den Neuankömmlingen in ihrem Umfeld von vornherein mit Ignoranz und Ablehnung bis hin zu offener Feindschaft begegnet wird, wird eine Integration faktisch unmöglich gemacht. Selbst diejenigen, die der Aufnahme von Flüchtlingen kritisch gegenüberstehen, haben kein Recht, dies an den betroffenen Menschen auszuleben.

Auf der anderen Seite kann und muss auch Flüchtlingen ab-

verlangt werden, sich mit den hiesigen Verhältnissen auseinan-
derzusetzen und die gängigen Normen, Lebens- und Umgangs-
formen in Deutschland zu akzeptieren. Besonders der oftmals
zu beobachtende diskriminierende Umgang mit Frauen und das
Fehlen von Toleranz gegenüber Angehörigen anderer Religionsgemeinschaften und sexuellen Minderheiten müssen und sollen
keinesfalls toleriert werden. Wer elementare Grundwerte westli-
cher Gesellschaften, wie in Deutschland üblich, grundlegend ab-
lehnt, kann hier auch keine mittel- oder langfristige Bleibeperspektive haben.

Die Integrationsbereitschaft von Flüchtlingen hängt auch
stark vom Herkunftsland und dem jeweiligen kulturellen und sozialen Hintergrund ab. Es ist davon auszugehen, dass sich die
übergroße Mehrheit der Flüchtlinge integrieren will, um für sich
und ihre Familien in Deutschland eine Lebensperspektive ohne
Krieg, Verfolgung und Elend aufzubauen. Wir sollten ihnen die
Chance geben und sie dabei unterstützen.

6. Der Islam bedroht unsere Kultur und unser Gemeinwesen

In Deutschland leben derzeit 4,3 Millionen Muslime. Ähnlich wie
beim Christentum gibt es auch im Islam verschiedene Glaubens-
richtungen. Die meisten Muslime sind Schiiten, Sunniten, Alawi-
ten oder Aleviten, dazu kommen noch einige sektenartige Gemeinschaften, wie zum Beispiel die Salafisten.

Unter den nach Deutschland im Jahr 2014 und im ersten Halbjahr 2015 geflüchteten Menschen macht der Anteil der Muslime
rund zwei Drittel aus, ein Viertel sind Christen, der Rest verteilt
sich auf andere Religionsgemeinschaften, zum Beispiel Jesiden.
Da besonders bei Flüchtlingen aus Syrien und dem Irak von einer
hohen Anerkennungsquote auszugehen ist, wird sich der Anteil
der Muslime in Deutschland deutlich erhöhen, wenn auch nicht in

dem Maße, wie es oft kolportiert wird. Angesichts spektakulärer Terroranschläge wie zuletzt dem in Paris am 13. November von Anhängern des »Islamischen Staates (IS)« verübten Massaker, dem Vormarsch der Taliban in Afghanistan, den fundamentalistischen Herrschaftsverhältnissen in Ländern wie Saudi-Arabien und den Emiraten und fast täglichen Berichten über die islamischen Terrorkrieger des IS empfinden viele Menschen den Islam pauschal als Bedrohung. Zumal es auch in Deutschland einzelne islamische Gruppen und Prediger gibt, die diesen Bestrebungen wohlwollend gegenüberstehen oder sie auch aktiv unterstützen. Oft ist in diesem Zusammenhang von den Salafisten die Rede, einer aggressiven, ultrakonservativen Strömung, die sich auf die wortgenaue Befolgung des Korans beruft und die weltweite Durchsetzung der Scharia, des islamischen Rechts, fordert. Rund 7.000 der in Deutschland lebenden 4,3 Millionen Muslime – darunter auch viele deutschstämmige Konvertiten – gelten als Anhänger des Salafismus, das entspricht einem Anteil von weniger als 0,2 Prozent. Es gibt keinerlei Hinweise, dass sich unter den muslimischen Flüchtlingen in Deutschland auch eine relevante Anzahl Salafisten oder Anhänger anderweitig fundamentalistisch-militanter Strömungen befinden könnte. Im Gegenteil: Viele Flüchtlinge, besonders aus Syrien, dem Irak und Afghanistan, aber auch aus dem Sudan oder Nigeria, haben sich gerade aufgrund des islamistischen Terrors zur Flucht entschlossen.

Doch auch unterhalb der Ebene einer möglichen terroristischen Bedrohung ruft der Islam Abwehrreflexe hervor. Besonders verschleierte oder auch nur kopftuchtragende Frauen werden ebenso als Beleg für eine schleichende Islamisierung Deutschlands gewertet wie der Bau von Moscheen.

Doch was ist eigentlich »der Islam«? Zunächst einmal – auch das eine Parallele zum Christentum – eine monotheistische Weltreligion, die sich auf einen Gott und einen Propheten beruft. Die theologische Leitlinie aller Muslime ist der Koran, der allerdings je nach Glaubensrichtung und der staatlichen Verfasstheit muslimisch geprägter Länder unterschiedlich ausgelegt und praktiziert wird. Gerade in Syrien spielte der Islam vor Ausbruch des Bürgerkrieges keine beherrschende Rolle im Alltagsleben, die herrschende Baath-Partei bekannte sich zum Säkularismus, also der Trennung von Kirche und Staat. Das galt übrigens auch für ihre Schwesterpartei im Irak bis zum Sturz Saddam Husseins. Der Säkularismus hat in der muslimischen Welt eine große Tradition, auch der Begründer der modernen Türkei, Mustafa Kemal Atatürk, vertrat diese Prinzipien und verankerte sie in der Verfassung des Landes.

Auf der anderen Seite ist der militante Islamismus, der nur den »Gottesstaat« als Herrschaftsform akzeptiert, seit einigen Jahren deutlich auf dem Vormarsch. Auch der »arabische Frühling«, die städtisch-mittelständisch geprägte Revolte gegen autokratische Herrscher, hat in den meisten der betroffenen Ländern nicht zu einer Demokratisierung nach westlichem Vorbild, sondern zu einer Renaissance radikal-islamistischer Bewegungen bis hin zu Bürgerkriegen (Syrien und Ägypten) geführt. Die Militärinterventionen der NATO in Libyen und im Irak, also ausgesprochen säkular geführten Ländern, führten zu einem weiteren Erstarken der radikalen Kräfte, die bis heute in einen weitgehenden Zerfall der staatlichen Ordnung münden.

Daraus allerdings pauschal eine Bedrohung Deutschlands durch den Islam und hier lebende Muslime abzuleiten, erscheint nicht sonderlich stichhaltig. Zumal Deutschland ein quasi säkularer Staat ist, in dem die Religionsfreiheit (wozu auch der Bau von Moscheen gehört) Verfassungsrang genießt. Die ganz große Mehrheit der hier lebenden Muslime betrachtet die Religion als Privatsache und als Teil ihrer kulturellen Identität, ohne die Autorität des Staates, die weltliche Gesetzgebung und die demokratische Verfassung in Frage zu stellen. Sogenannte Ehrenmorde, Zwangsverheiratungen und andere untragbare Auswüchse archaischer Familienstrukturen gibt es; sie gilt es mit allen rechtsstaatlichen Mitteln zu verfolgen und zu ahnden. Es gibt auch keinen Grund, muslimischen Eltern beispielsweise zu gestatten, ihre Töchter vom Sport- und Biologieunterricht fernzuhalten. Auch ein Verbot der Vollverschleierung im öffentlichen Raum und des Kopftuchs bei der Ausübung hoheitlicher Tätigkeiten (zum Beispiel Schulunterricht) ist zumindest diskussionswürdig. Und militante Salafisten müssen mit allen rechtsstaatlichen Mitteln verfolgt werden, was auch die Ausweisung von »Hasspredigern« und das Verbot von entsprechenden Moscheevereinen beinhaltet. Auf der anderen Seite muss auch alles getan werden, um die Chancen von Kindern aus muslimischen Familien im Bildungssystem und später auf dem Arbeitsmarkt zu verbessern und jegliche Form von Diskriminierung zu unterbinden.

Obsolet ist dagegen die Diskussion, ob der Islam zu Deutschland gehört. Er ist da, und er wird auch hier bleiben. Und das ist auch gut so.

7. Durch noch mehr Zuwanderung droht Deutschland die Überfremdung und der Verlust der nationalen Identität

Beginnen wir mit einigen Zahlen. Laut dem Statistischen Bundesamt waren zum Jahresende 2014 insgesamt knapp 8,2 Millionen Menschen mit ausschließlich ausländischer Staatsangehörigkeit erfasst, was einem Bevölkerungsanteil von rund zehn Prozent entspricht. Im EU-Vergleich liegt Deutschland damit im Mittelfeld, an der Spitze liegt Luxemburg mit einem Anteil von 45 Prozent, gefolgt von Zypern, Lettland, Estland und Österreich.

Von den in Deutschland lebenden Ausländern stammten knapp 3,7 Millionen aus EU-Mitgliedsstaaten, wobei die Polen mit 674.000 Personen die größte Gruppe stellten, gefolgt von Italienern, Griechen und Rumänen. EU-Bürger und Bürger einiger anderer Staaten (unter anderem Schweiz, Norwegen und Island) haben in Deutschland ein Niederlassungsrecht, das heißt, sie müssen sich zwar anmelden, brauchen aber keine Genehmigung für ihre Wohnsitznahme in Deutschland und unterliegen auch keinen Restriktionen beim Zugang zum Arbeitsmarkt. Straftaten und der längere Bezug von Sozialleistungen können allerdings zur Ausweisung führen.

Unter den Nicht-EU-Bürgern stellen Türken mit 1,53 Millionen das größte Kontingent, gefolgt von Russen, Serben und Kosovaren. Bemerkenswert ist, dass die Zuwanderung aus der EU im Jahresvergleich zu 2013 mit 10,4 Prozent deutlich stärker anstieg als die aus anderen Ländern (2,5 Prozent). Es waren vor allem junge »Wirtschaftsflüchtlinge« aus den südlichen EU-Ländern, die aufgrund der wirtschaftlichen Talfahrt infolge der Finanzmarkt- und Euro-Schuldenkrise in ihren Heimatländern keine Perspektive mehr sehen.

Für Türken ist dagegen sogar ein Negativsaldo zu verzeichnen, ihre Zahl sank um 1,5 Prozent, was sowohl durch verstärkte Rückwanderung als auch durch Einbürgerungen zu erklären ist. Im Jahr 2014 erwarben über 22.000 Türken die deutsche Staatsangehörigkeit.

Der Ausländeranteil an der Bevölkerung ist zwischen den Bundesländern extrem ungleich verteilt. Während er in den Stadtstaaten Berlin, Bremen und Hamburg zwischen 14 und 15 Prozent beträgt, und auch in den Flächenstaaten Baden-Württemberg, Hessen, Bayern und Nordrhein-Westfalen deutlich über dem Bundesdurchschnitt von zehn Prozent liegt, sind es in den ostdeutschen Bundesländern lediglich zwischen 2,5 (Thüringen) und 3,0 Prozent (Sachsen). Noch krasser sind die Unterschiede, wenn es um den Anteil der Muslime an der Gesamtbevölkerung geht. Der beträgt in Bremen zehn Prozent, gefolgt von Berlin, Hamburg und Nordrhein-Westfalen mit acht Prozent, während er in allen ostdeutschen Bundesländern um oder unter einem Prozent liegt. Es fällt auf, dass Ängste vor Überfremdung durch Ausländer im Allgemeinen und Muslime im Besonderen oft dort relativ stark verbreitet sind, wo kaum Ausländer, geschweige denn Muslime leben, die Menschen also kaum über eigene Erfahrungen mit ihnen verfügen und deshalb besonders anfällig sind für Gerüchte.

Jede Form der Zuwanderung in nennenswerten Größenordnungen hat in den vergangenen Jahrzehnten zu Verunsicherung, Ablehnung und teilweise auch Ausgrenzung geführt. Das betraf die italienischen »Spaghettifresser« in den 1960er Jahren genauso wie später die türkischen Arbeitsmigranten (»Kanaken«) oder die vietnamesischen Vertragsarbeiter (»Fidschis«), die in Deutschland bleiben wollten. Viel zu lange hat die offizielle Politik verdrängt beziehungsweise geleugnet, dass Deutschland faktisch ein Einwanderungsland ist. Und stets rufen neue Migrationsbewegungen neue Ressentiments auf den Plan. Vor dem starken Anstieg der Flüchtlingszahlen geisterten monatelang »hunderttausende Rumänen und Bulgaren, die hier Hartz IV beziehen wollen«, durch die Medien. Im Oktober 2014 gab es dann belastbare Zahlen. Demnach lag die Erwerbsquote der in Deutschland lebenden Rumänen und Bulgaren bei rund 70 Prozent, die Arbeitslosigkeit sank auf 6,6 Prozent.

Bluts- und Bodenrecht

Aber zurück zur »Überfremdung«. Der Begriff ist eigentlich viel zu unscharf, um mit Fakten darauf eingehen zu können. Er impliziert eine Bedrohung durch »das Fremde« beziehungsweise »die Fremden« für »das Eigene«. Nach dem Beitritt 1990« bezog sich das in der ehemaligen DDR oft auf arrogante »Wessis«, die in Betrieben, Verwaltungen und Nachbarschaften zuweilen als eine Art Besatzer aufgetreten sind oder so wahrgenommen wurden. Heute kann man im Berliner Szenebezirk Prenzlauer Berg des Öfteren die Parole »Schwaben raus« lesen, weil die finanzkräftigen Zuzügler nicht nur der nach der Wende gewachsenen Club- und Freizeitkultur den Garaus machen wollen, sondern auch sonst ihre Wohn- und Lebenskultur durchzusetzen versuchen. Das ist vergleichsweise harmlos, doch das Gefühl der Überfremdung kann sich auch auf Rassen, Ethnien, Nationen oder ein Staatsvolk beziehen, oder ein bisschen abstrakter auf die »eigene (Leit-)Kultur« beziehungsweise die »eigene Tradition«. Da stellen sich dann allerdings einige interessante Fragen. Gibt es eine »deutsche Rasse« beziehungsweise Ethnie? In welchem Verhältnis stehen Nation und Staatsvolk zueinander? Was ist die »Deutsche Leitkultur«?

Für die Definition, wer zum eigenen (Staats-)Volk gehört, haben sich historisch zwei verschiedene Prinzipien entwickelt: das Blutsrecht *(ius sanguinis)* und das Bodenrecht *(ius soli)*. In Deutschland dominierte jahrzehntelang ausschließlich das Blutsrecht. Nur Kinder deutscher (oder deutschstämmiger) Eltern beziehungsweise Elternteile erwarben nach ihrer Geburt die deutsche Staatsangehörigkeit. Diese wird auch Zuwanderern zuerkannt, die noch nie deutschen Boden betreten haben und auch die deutsche Sprache nicht beherrschen, sofern sie eine deutsche Abstammung nachweisen können. Seit dem Jahr 2000 hat sich das in Bezug auf Neugeborene geändert: Jedes Kind, das in Deutschland geboren wird, erhält unabhängig von der Nationalität der Eltern automatisch die deutsche Staatsangehörigkeit. Allerdings nur, wenn wenigstens ein Elternteil mindestens acht Jahre legal in Deutschland lebt und ein unbefristetes Aufenthaltsrecht hat. Auch Erwachsene können unter dieser Voraussetzung eingebürgert werden. Sie müssen allerdings zusätzlich in einem Einbürgerungstest Kenntnisse über die Rechts- und Gesellschaftsordnung sowie die Lebensverhältnisse in Deutschland nachweisen, über ausreichende Deutschkenntnisse verfügen, ihren Lebensunterhalt überwiegend ohne Transferleistungen sichern können, nicht wegen einer Straftat verurteilt sein und sich eindeutig zum Grundgesetz bekennen. Die Frist bis zu einem Einbürgerungsantrag kann auf sechs Jahre verkürzt werden, wenn »besondere Integrationsleistungen« nachgewiesen werden können, wie zum Beispiel der Abschluss einer qualifizierten Ausbildung oder eines Studiums. Erwachsene können im Gegensatz zu in Deutschland geborenen Kindern nur in Ausnahmefällen ihre bisherige Staatsangehörigkeit beibehalten. Sonderregeln existieren für den Fall, wenn eine schnellere Einbürgerung im »besonderen öffentlichen Interesse« liegt. Das wird unter anderem auf Spitzensportler angewandt, die nur als Staatsbürger für deutsche Nationalteams antreten können.

In angelsächsischen Ländern gilt dagegen ein weitgehend uneingeschränktes Bodenrecht für Kinder, die in allen Fällen die nationale Staatsangehörigkeit erhalten, wenn sie auf dem Territorium des Staates geboren wurden. Eine historische Besonderheit gibt es ferner in den europäischen Ländern mit Kolonialvergangenheit. Dort haben alle Einwohner, die vor der Unabhängigkeit der Kolonien dort lebten, die Staatsangehörigkeit des »Mutterlandes« erhalten. Zum Beispiel in Frankreich: Der Anteil der Franzosen mit Migrationshintergrund (erster, zweiter und dritter Generation) beträgt 22 bis 23 Prozent. Dies entspricht dem Selbstverständnis der französischen Republik, in der die Zugehörigkeit zur Nation nicht ethnisch definiert wird. Zudem wird in Frankreich das laizistische Prinzip der Trennung von Kirche und Staat wesentlich rigoroser als in Deutschland durchgesetzt. Wobei nicht zu bestreiten ist, dass es bei der tatsächlichen Integration der meist aus Afrika stammenden »Kolonialfranzosen« erhebliche Versäumnisse gegeben hat und immer noch gibt. Das hat – neben der Wirtschaftskrise – auch entscheidend zum Erstarken rechtspopulistischer, latent rassistischer Bewegungen wie dem »Front National« beigetragen.

Die Definition der eigenen Nation als Werte- und nicht als ethnische Gemeinschaft hat sich – trotz aller Widerstände – auch in Deutschland weitgehend durchgesetzt. Längst sitzen in vielen Kommunal- und Landesparlamenten und auch einigen Landesregierungen Kinder von Einwanderern, hauptsächlich aus der Türkei. Auch an Universitäten, in Kulturinstitutionen und in Sportvereinen wächst deren Anteil beständig. Ohne die Migrantenkinder Jérôme Boateng, Mesut Özil, Miroslav Klose, Lukas Podolski und Sami Khedira wären die Erfolge der Fußballnationalmannschaft in den vergangenen Jahren wohl wesentlich bescheidener ausgefallen, und längst stehen Talente wie Emre Can und Leroy Sané in den Startlöchern. Und nicht zuletzt spielen Lehrer, Sozialarbeiter, Erzieherinnen, Ausbilder oder auch Polizisten mit Migrationshintergrund eine zunehmend wichtigere Rolle bei der Integration von weiteren Zuwanderern.

Von Leit- und anderen Kulturen

Bleiben die vielbeschworenen »deutschen Werte« beziehungsweise die »Leitkultur«? Als Richtschnur für ein Leben als deutscher Staatsbürger oder als hier niedergelassener Ausländer taugen zunächst einmal das Grundgesetz, das Bürgerliche Gesetzbuch und weitere verbindliche Rechtsnormen – das gilt im Übrigen auch für »Biodeutsche«. Wesentliche Fragen wie Religions-, Presse- und Meinungsfreiheit, individuelle Freiheitsrechte, Gleichstellung der Frau, sexuelle Selbstbestimmung und allgemeines Diskriminierungsverbot (betrifft auch die ethnische Herkunft) sind dort – ungeachtet erheblicher Defizite in der gesellschaftlichen Praxis – recht unmissverständlich geregelt. Wer sich mit diesem Rechtekanon auseinandergesetzt hat und ihn akzeptiert, hat eine Grundvoraussetzung erfüllt, sich in diesem Land dauerhaft niederlassen zu können. Eine weitere ist das Erlernen der Sprache und der Erwerb von Qualifikationen für das Berufsleben. Denn nur so können die Neu-Bewohner ein würdiges, selbstbestimmtes Leben führen. Nicht verlangt werden kann dagegen die Aufgabe der Pflege eigener Traditionen oder gar der eigenen Religionszugehörigkeit. Wer kein Schweinefleisch isst und kein Bier trinkt, wer lieber eine Moschee als eine Kirche besucht oder lieber das Zuckerfest nach dem Ramadan als Ostern feiert, ist nicht per se ein »Fremdkörper«, sondern bestenfalls ein Mitbürger mit anderen privaten Vorlieben und Gewohnheiten. Und das Kennenlernen »fremder« Sitten und Gebräuche sollte man wohl eher als Erweiterung des eigenen Horizonts begreifen, vielleicht sogar als Bereicherung. Man muss sie schließlich nicht übernehmen.

Dann wäre da noch die »deutsche Kultur«. Auch die bekommt man in der Regel nicht mit der Muttermilch vermittelt, sondern durch Zugang zu Bildung und Austausch mit anderen Menschen. Zudem lässt sich deutsche Kultur und Geistesgeschichte (abgesehen von der Sprache) kaum ethnisch definieren. Egal ob Malerei, Bildhauerei, Architektur, Wissenschaft oder Musik: Seit dem Mittelalter führte stets ein Austausch mit anderen (teilweise auch außereuropäischen) Kulturen zur Belebung und Weiterentwicklung der deutschen und auf dem umgekehrten Weg auch anderer nationaler Kulturen. Die in jüngerer Vergangenheit als Kampfbegriff erneut aufgekommene »Verteidigung des (christlichen) Abendlandes« steht ebenfalls auf sehr wackligen historischen Füßen, denn das »Abendland« ist eher ein in der deutschen Romantik geprägtes, vom Katholizismus und später auch den Nazis gepflegtes Konstrukt als eine geistesgeschichtlich oder geographisch zu definierende Einheit.

Den meisten Flüchtlingen, die zu uns kommen, sind die gesellschaftlichen Normen und Formen des Zusammenlebens und auch die hiesige Kultur zunächst einmal fremd. Wir können von ihnen erwarten, dass sie sich damit auseinandersetzen und letztlich integrieren – ohne sich zu assimilieren und ihre eigene kulturelle Prägung zu verleugnen. Dazu müssen wir ihnen allerdings auch die Chance geben, statt ihnen mit unreflektierten Überfremdungsreflexen – also letztlich Fremdenfeindlichkeit – zu begegnen.

Braucht Deutschland Zuwanderung?

Eine Vorbemerkung sei erlaubt: Angesichts der Tatsache, dass sich weltweit derzeit 60 Millionen Menschen auf der Flucht befinden, auf der verzweifelten Suche nach einem Ort, der ihnen Schutz vor Krieg, Terror und Elend bietet, kann man diese Frage wohl kaum unter reinen Nützlichkeitsaspekten betrachten und beantworten. Wir haben eine völkerrechtliche, verfassungsrechtliche und nicht zuletzt moralische Pflicht, Flüchtlinge im Rahmen unserer Möglichkeiten aufzunehmen, egal ob sie uns »nützen« oder nicht.

Dass Deutschland angesichts der demographischen Entwicklung Zuwanderung braucht, um seine wirtschaftliche Leistungsfähigkeit, seine Infrastruktur und seine Systeme der sozialen Daseinsvorsorge aufrechterhalten zu können, ist schwerlich zu bestreiten. Dazu ein paar Zahlen. Seit 1973 übersteigt in Deutschland die Anzahl der Sterbefälle die Zahl der Geburten. Um die Bevölkerungszahl ohne Zuwanderung stabil zu halten, müsste jede in Deutschland lebende Frau im Durchschnitt 2,1 Kinder zur Welt bringen, die Quote beträgt aber lediglich 1,4. Bezogen auf die Einwohnerzahl sieht die Bilanz noch finsterer aus. Auf 1.000 Einwohner kamen im vergangenen Jahr lediglich 8,2 Neugeborene, die weltweit niedrigste Quote. In den vergleichbar entwickelten Staaten Frankreich und Großbritannien waren es dagegen 12,7 Geburten auf 1.000 Einwohner. Die jahrzehntelange negative Reproduktionsbilanz hat zusammen mit der steigenden Lebenserwartung auch zu deutlichen Verschiebungen in der Alterspyramide geführt. 1980 betrug der Anteil der Jugendlichen unter 20 Jahren 27 Prozent, 58 Prozent waren im erwerbsfähigen Alter bis 64 Jahre, 16 Prozent älter. 2014 ist der Anteil der Kinder und Jugendlichen auf 18 Prozent gesunken, der Anteil der Menschen im Rentenalter dagegen auf 21 Prozent gestiegen. Während sich die Zahl der Sterbefälle bei rund 880.000 per anno einpendelt, wird die Geburtenzahl voraussichtlich noch bis zum Jahr 2020 relativ stabil bei etwa 700.000 Neugeborenen pro Jahr bleiben, 2014 waren es sogar 715.000 (gegenüber 870.000 Sterbefällen). Dafür sorgt eine günstige Altersstruktur der potenziellen Mütter: Die geburtenstarken Jahrgänge der 1980er Jahre sind gegenwärtig im Alter von Mitte 20 bis Mitte 30, in dem die Geburtenhäufigkeit besonders hoch ist. Anschließend wird aber die Zahl der Neugeborenen für mehrere Dekaden kontinuierlich zurückgehen (bei leicht steigenden Sterbefällen), weil die nächste Generation potenzieller Mütter deutlich kleiner ausfällt. Ohne die Zuwanderung in den letzten beiden Jahrzehnten sähe die Bilanz noch deutlich schlechter aus. Der Zuwanderungsgewinn betrug zwischen 1995 und 2014 laut dem Statistischen Bundesamt insgesamt 3,7 Millionen, das sind 185.000 pro Jahr. Rechnet man einmalige Sondereffekte wie die großen Kontingente russischer Juden und bosnischer Kriegsflüchtlinge sowie den starken Zuzug nach Einführung der Arbeitnehmerfreizügigkeit für die neuen osteuropäischen EU-Staaten heraus, landet man bei deutlich weniger. Zudem verläuft die Entwicklung extrem ungleichmäßig. So gab es in den Jahren 2008 und 2009 sogar eine negative Wanderungsbewegung, also mehr Aus- als Zuwanderer.

Dramatische Bevölkerungsprognosen

Doch selbst wenn die jährliche Netto-Einwanderung in den kommenden Jahren und Jahrzehnten ungefähr dem Mittelwert der vergangenen Jahre entspräche, würden sowohl die Einwohnerzahl als auch der Anteil der erwerbsfähigen Bevölkerung (in Relation zu den Alten) drastisch sinken. Die Folgen für die Wirtschaftskraft, die Infrastruktur und die sozialen Sicherungssysteme liegen auf der Hand. Derzeit stehen dem deutschen Arbeitsmarkt knapp 45 Millionen potenzielle Arbeitskräfte zur Verfügung. Bis 2025 könnten es 6,7 Millionen Personen weniger sein, wenn der Arbeitsbedarf auf dem heutigen Stand bliebe und der Saldo aus Zu- und Abwanderung in Deutschland null wäre. Unterstellt man, dass die Erwerbsquoten, insbesondere der Frauen und Älteren, steigen und es Wanderungsgewinne (Zuzüge minus Wegzüge) von 100.000 Personen jährlich gibt, so beläuft sich der Rückgang auf »nur« 3,5 Millionen. Der deutschen Wirtschaft würden allmählich die Arbeitskräfte ausgehen, vor allem die qualifizierten und hochqualifizierten Fachkräfte. Selbst eine – in den vergangenen Jahren sträflich vernachlässigte – Aktivierung der arbeitsmarktfähigen Langzeiterwerbslosen könnte diese Defizite keinesfalls ausgleichen.

Natürlich könnte man an dieser Stelle trefflich darüber streiten, warum deutsche Frauen so wenig Kinder bekommen. Die lückenhafte soziale Absicherung von Familien und vor allem von alleinerziehenden Müttern dürfte ebenso eine Ursache sein wie die mangelhafte Vereinbarkeit von Beruf und Familie. Einerseits wird seit vielen Jahren angestrebt, die Erwerbsquote von Frauen zu erhöhen, andererseits fehlte (vor allem in der Alt-BRD) das entsprechende Betreuungsangebot für Kinder. Selbst wenn sich das alles in absehbarer Zeit durchgreifend ändern sollte und die Geburtenrate daraufhin signifikant stiege, würde sich ein möglicher positiver demographischer Effekt – wenn überhaupt – erst sehr langfristig bemerkbar machen. Das zeigt sich bei den betrieblichen Ausbildungsplätzen. Obwohl die Betriebe 2014 weniger Lehrstellen anboten als in den Jahren zuvor, erreichte die Zahl der unbesetzten Stellen mit 37.000 einen neuen Höchststand. Und die Bewerberzahlen werden in den kommenden Jahren weiter sinken. Aber wer soll dann in den kommenden Jahren die altersbedingt aus dem Erwerbsleben ausscheidenden Facharbeiter ersetzen? Die Misere betrifft nicht nur Industrie, Handwerk und das produzierende Gewerbe, sondern auch bestimmte Dienstleistungsberufe. So fehlen in Krankenhäusern und Senioreneinrichtungen schon jetzt über 100.000 qualifizierte Pflege-kräfte – und das ist erst der Anfang, denn in der stark alternden Gesellschaft wird der Bedarf stark steigen.

Es fehlt ein Einwanderungsgesetz

Trotz dieser Entwicklung sträuben sich besonders CDU und CSU aus ideologischen Gründen gegen die Erarbeitung und Ver-abschiedung eines Einwanderungsgesetzes, welches die Zuwan-derung nach Deutschland umfassend und transparent regelt, vor allem die Arbeitsmigration. Stattdessen gibt es derzeit ein kom-pliziertes Konglomerat von teilweise widersprüchlichen Geset-zen und Verordnungen.

Für einige Gruppen von Ausländern aus Drittstaaten (EU-Bürger genießen ohnehin Niederlassungsfreiheit) ist der Zugang zum deutschen Arbeitsmarkt erleichtert worden. Am 1. August 2012 trat das »Gesetz zur Umsetzung der EU-Richtli-nie zur Einreise und zum Aufenthalt von Drittstaatsangehörigen zur Ausübung einer hochqualifizierten Beschäftigung« in Kraft. Mit der »Blauen Karte« wurde ein neuer Aufenthaltstitel geschaf-fen, mit dem zunächst nur akademische Fachkräfte einen erleich-terten Zugang zum deutschen Arbeitsmarkt erhalten sollen. Um Lohndumping einzudämmen, wurden Mindestverdienstgrenzen für berufserfahrene Akademiker und für Berufseinsteiger fest-gelegt. Es muss der Nachweis erbracht werden, dass es für die Stelle keinen entsprechenden Bewerber aus Deutschland oder aus EU-Staaten gibt. Diese Prüfung entfällt, wenn die Tätigkeit in der offiziellen Liste für Mangelberufe verzeichnet ist. Ferner gibt es eine Vergleichbarkeitsprüfung in Bezug auf Arbeitsbedingun-gen und branchenübliches Gehalt. Inhaber einer »Blauen Karte« können ihre Familie ohne Wartefrist zu sich nach Deutschland holen. Wenn sie gute deutsche Sprachkenntnisse nachweisen können, erhalten sie nach zwei Jahren ein Daueraufenthaltsrecht.

Die »Blaue Karte« erwies sich allerdings als ziemlicher Flop, gerade für heißumworbene Wissenschaftler und IT-Spezialisten zählt Deutschland bei weitem nicht zu den attraktivsten Standorten für die berufliche Karriere.

Arbeitsmigration schrittweise erleichtert

Im Laufe der folgenden Jahre unternahm die Bundesregierung weitere Schritte zur Öffnung des Arbeitsmarktes für Ausländer. Auch nichtakademische Fachkräfte mit auch in Deutschland anerkannten oder vergleichbaren Ausbildungsabschlüssen in Mangelberufen können sich von deutschen Arbeitgebern anwerben lassen und erhalten dann einen Aufenthaltstitel. Neu ist ferner die Möglichkeit für Akademiker und andere gesuchte Fachkräfte, sich in den deutschen Konsulaten in ihren Heimatländern ein sechs Monate gültiges Visum zur Arbeitssuche ausstellen zu lassen. Wird eine entsprechende Stelle gefunden, kann die »Blaue Karte« dann gleich in Deutschland ausgestellt werden. Auch Ausländer, die sich bereits für eine befristete Tätigkeit in Deutschland aufhalten, können nach deren Beendigung ein Visum zur Arbeitsplatzsuche erhalten. Ausländische Studenten dürfen sich nach einem erfolgreichen Abschluss ihres Studiums sogar 18 Monate in Deutschland um einen Job bemühen, der ihrer Qualifikation entspricht. Auch sie können dann nach zwei Jahren Berufstätigkeit einen Status erhalten, der zum Daueraufenthalt berechtigt. Mittlerweile gilt diese Regelung für Absolventen aller anderen anerkannten Berufsausbildungen. Allerdings müssen alle Inhaber eines Visums zur Arbeitsplatzsuche sicherstellen, dass sie während ihres Aufenthaltes in Deutschland für ihren Lebensunterhalt aufkommen.

Ferner wurden einige Berufsgruppen benannt, die auch ohne Positivliste, anerkanntem vergleichbaren Abschluss und Vorrangprüfung in Deutschland arbeiten dürfen. Dazu gehören generell

Mitarbeiter von Forschungsteams, leitende Angestellte (Manager etc.), Lehrkräfte an Schulen, Berufssportler und -trainer, Künstler, Journalisten und Spezialitätenköche. Besondere Regelungen gelten laut Verordnung für Arbeitnehmer, die zur beruflichen und sprachlichen Fortbildung nach Deutschland kommen, sowie für »sonstige Fachkräfte, wenn ein öffentliches Interesse vorliegt«.

Keine Arbeitsmigration mit Niederlassungsperspektive gibt es dagegen für Geringqualifizierte. Eine Zulassung erfolgt für maximal sechs Monate pro Jahr. Legal angeworbene befristete Arbeitskräfte gibt es vor allem in der Landwirtschaft, in der Gastronomie und in privaten Haushalten mit Pflegebedürftigen.

Herkunftsländern droht »Braindrain«

Während sich die deutsche Wirtschaft von der Zuwanderung eine Linderung des Fachkräftemangels erhofft, hat die Abwanderung für die Herkunftsländer eindeutig negative Konsequenzen. In den südeuropäischen EU-Krisenstaaten erreicht die Jugendarbeitslosigkeit (bis 25 Jahre) Werte von 50 Prozent und mehr. Betroffen sind sowohl Schulabgänger als auch Universitätsabsolventen, die kaum eine Chance haben, einen ihrer Qualifikation entsprechenden Arbeitsplatz zu finden, vor allem keinen unbefristeten. Laut einer Erhebung der spanischen Vereinigten Linken (IU) verließen seit dem Ausbruch der Finanzkrise im Jahr 2008 bis 2012 über 700.000 Arbeitsmigranten das Land, größtenteils gut ausgebildete junge Leute. Auch Portugal und Griechenland leiden stark unter dieser, auch »Braindrain« genannten, Entwicklung. Denn die Abwanderung entlastet zwar kurzfristig den Arbeitsmarkt für junge Menschen in den Herkunftsländern, aber mittelfristig fehlt eben genau jene gut ausgebildete junge Generation, die für die künftige wirtschaftliche Entwicklung dieser gebeutelten Länder unverzichtbar ist.

Zwar lässt sich diese Entwicklung nicht eins zu eins auf die nach Europa kommenden Flüchtlinge übertragen, doch die Parallelen sind deutlich. Gerade bei der größten Flüchtlingsgruppe, den Syrern, ist ein hoher Anteil von gebildeten Angehörigen der Mittelschicht zu verzeichnen. Auch das UN-Büro für die Koordinierung humanitärer Hilfe (OCHA) warnt vor den dramatischen Folgen. Jede Hilfsorganisation in Syrien habe in den vergangenen Wochen und Monaten ihre besten und qualifiziertesten Mitarbeiter verloren, weil diese das Land Richtung Europa verlassen hätten, heißt es in einer Stellungnahme vom 7. September. Es fehlten Ärzte, Krankenschwestern, Ingenieure – die Abwanderung aus Syrien hinterlasse »riesige Lücken« bei den Hilfsorganisationen. Es sei sehr schwierig geworden, »die Menschen, die auf Hilfe angewiesen sind, weiterhin zu unterstützen«. Auch in Afghanistan und dem Irak droht ein Exodus von qualifizierten Fachkräften. Doch wer will es ihnen verdenken? Schließlich droht in den von Bürgerkriegen und islamistischem Terror heimgesuchten Ländern akute Gefahr für Leib und Leben, und es gibt wenig Aussicht auf kurzfristige Besserung.

Flüchtlinge werden nicht einbezogen

Es gehört zu den ganz großen Ungereimtheiten der deutschen Migrationspolitik, dass Flüchtlinge von dem System der geregelten, legalen Arbeitsmigration komplett abgekoppelt werden. Ein Beispiel: Ein syrischer Arzt, der es irgendwie noch geschafft hat, im deutschen Konsulat in Damaskus (das inzwischen geschlossen ist) eine »Blaue Karte« oder ein Visum zur Arbeitssuche zu erhalten, kann sich per Flugzeug oder auf dem Landweg unbehelligt nach Deutschland begeben und dort zeitnah seine Tätigkeit beginnen. Besonders Kliniken außerhalb der Großstädte und Ballungsräume werden sich förmlich um ihn reißen und alles Erdenkliche unternehmen, damit er sich schnell einlebt und wohlfühlt. Er wird aus Steuermitten oder vom künftigen Arbeitgeber bezahlte Intensiv-Deutschkurse und eventuell auch notwendige Fortbildungen besuchen. Er sucht sich eine Wohnung und kann dann seine Familie nachholen. Nach zwei bis drei Jahren erhält er ein dauerhaftes Aufenthaltsrecht.

Sein Kollege hat diese Chance möglicherweise nicht gehabt. Um sein Leben und das seiner Familie zu schützen, flieht er aus Syrien und landet zunächst in einem Notlager im Libanon oder in der Türkei. Doch dort gibt es keine Lebensperspektive, deswegen vertraut er sich einem Schlepper an, der ihn für viel Geld über das Mittelmeer nach Griechenland bringt. Falls er das lebend übersteht, schlägt er sich ebenfalls mit Hilfe von teuren Schleppern illegal durch mehrere Staaten, in denen er alles andere als willkommen ist. Nach vielen Monaten in Deutschland angekommen, landet er erneut in einer Notunterkunft und wartet auf seine Registrierung und die Möglichkeit, offiziell einen Asylantrag zu stellen. Wenn er Pech hat, kann er bis zu einer Anerkennung nicht einmal einen Deutschkurs besuchen.

Da stellen sich natürlich Fragen: Warum werden dieser Arzt und andere Zuwanderer mit händeringend gesuchten Qualifikationsprofilen nach Feststellung ihrer Voraussetzungen nicht aus dem Asylverfahren herausgenommen und legalen Arbeitsmigranten gleichgestellt? Warum verwehrt man den vielen ausbildungswilligen und -fähigen Jugendlichen und jungen Erwachsenen unter den Flüchtlingen den direkten Weg zu einer Ausbildung, verbunden mit der Garantie, diese beenden zu können, um anschließend für einen Minimalzeitraum von zwei Jahren dem erlernten Beruf nachzugehen? Es gibt reichlich Betriebe, die geeignete Lehrlinge aus dem Kreis der Flüchtlinge mit Kusshand nehmen und anschließend als Facharbeiter einstellen würden. Aber wer nimmt schon einen Auszubildenden, wenn er ständig damit rechnen muss, dass dieser abgeschoben wird.

Der Anteil derjenigen Flüchtlinge, die relativ schnell in den Arbeitsmarkt und in Ausbildungen integriert werden könnten, ist nicht genau zu beziffern, auch weil es Behörden bislang versäumt haben, bereits bei der Erstaufnahme mit der Ermittlung der schulischen und beruflichen Voraussetzungen zu beginnen, zum Beispiel durch enge Verzahnung mit der Bundesagentur für Arbeit. Selbst wenn er nur 20 Prozent betrüge (wahrscheinlich liegt er höher), wäre dies eine beträchtliche Entlastung. Stattdessen schickt man diese Menschen in eine für den Steuerzahler teure und für den Flüchtling sinnlose und deprimierende Warteschleife. Und man wirft immer wieder Menschen gegen ihren Willen aus dem Land, die bereit und in der Lage gewesen wären, einen produktiven Beitrag für unsere Gesellschaft zu leisten.

Sind Flüchtlinge Konkurrenten auf dem Arbeitsmarkt?

Auch das gehört in der Asyl- und Flüchtlingsdebatte zu den sehr häufig geäußerten Ängsten und Vorwürfen. Es lohnt ein Blick auf die verschiedenen Interessenlagen. Für Unternehmer und Wirtschaftsverbände ist die Sache klar. Sie sehen die Flüchtlingswelle als Möglichkeit, sich aus dem sehr großen Reservoir potenzieller Arbeitskräfte die Rosinen rauszupicken. Und sie wittern teilweise auch die große Chance, durch ein mögliches »Überangebot« gerade bei Hilfs- und geringqualifizierten Tätigkeiten die Löhne zu drücken und die Arbeitsbedingungen zu verschlechtern. »Wir sollten den Flüchtlingsstrom zum Anlass für eine neue Agenda 2010 nehmen«, sagte Hans-Werner Sinn, Präsident des Münchner ifo-Instituts, am 7. Oktober der ZEIT. Konkret forderte er, den Mindestlohn abzuschaffen, weil nur so genug Jobs für Flüchtlinge entstünden, die nur über eine niedrige Qualifikation verfügten. Führende CDU-Politiker wie der Ministerpräsident von Sachsen-Anhalt, Reiner Haseloff, und Jens Spahn, Staatssekretär im Bundesfinanzministerium, forderten für Flüchtlinge »Flexibilisierungen und Sonderlösungen« beim Mindestlohn. Unterstützung kam auch vom kommunalen Spitzenverband der deutschen Landkreise. Dies böte natürlich enorme Anreize für Unternehmer, »teure« deutsche Beschäftigte, die den Mindestlohn von 8,50 Euro pro Stunde erhalten, durch billigere Migranten zu ersetzen. Vor allem in klassischen Niedriglohnsektoren wie Landwirtschaft, Lagerarbeit, Gebäudereinigung oder Hotel- und Gaststättengewerbe könnte das die mühsam errungenen Standards ins Rutschen bringen, da nicht nur der gesetzliche, sondern auch die Branchenmindestlöhne betroffen sein könnten.

Gewerkschaften warnen vor Lohndumping

Bei den Gewerkschaften lassen nicht nur diese Vorstöße die Alarmglocken klingeln. Befürchtet wird auch die große Ausweitung ohnehin bereits vorhandener illegaler Arbeitsmarktstrukturen. Man habe Anzeichen dafür, dass Flüchtlinge in ihren ethnischen Communitys unter der Hand Jobs zu Dumpingpreisen vermittelt bekommen, heißt es. DGB-Vorstandsmitglied Stefan Körzell warnte am 11. Oktober in der ARD: »Es gilt aufzuklären, ob wir nicht einen zweiten Arbeitsmarkt bekommen, der zulässt, dass Menschen für drei bis vier Euro arbeiten.«

Dennoch lässt der DGB keinen Zweifel daran, dass er Zuwanderung als Chance für Deutschland sieht, die Flüchtlinge willkommen heißt und vom Staat mehr Anstrengungen für deren Integration fordert. »Wichtig ist, dass jetzt das nötige Geld in die Hand genommen wird, damit die Sprache gelernt werden kann, damit die Kompetenzen und Abschlüsse festgestellt werden können, damit in die Weiterbildung und Ausbildung investiert werden kann. Was wir jetzt hier investieren, erspart uns hohe Kosten in der Zukunft. Deshalb muss man langfristiger denken und darf nicht immer kurzsichtig auf die schwarze Null für das kommende Haushaltsjahr starren«, so DGB-Vorstandsmitglied Annelie Buntenbach am 21. Oktober in einem Interview mit der *Neuen Osnabrücker Zeitung*. Keinesfalls aber dürfe die Integration der Flüchtlinge auf Kosten anderer gesellschaftlicher Gruppen betrieben werden: »Arbeitgeber und Politiker rufen immer wieder nach Fachkräften. Da muss jetzt Geld eingesetzt werden, damit sowohl die Langzeitarbeitslosen, die Probleme beim Zugang zum Arbeitsmarkt haben, unterstützt werden können und gleichzeitig die Flüchtlinge, die neu dazu kommen.«

Das ist in der Tat der Knackpunkt. Wenn es nicht gelingt, jegliche Schmutzkonkurrenz auf dem Arbeitsmarkt durch Dumpinglöhne zu unterbinden, oder wenn deutsche Langzeiterwerbslose und Geringqualifizierte nicht vollumfänglich in neue Förder- und Weiterbildungsstrukturen einbezogen werden, droht ein ganz neuer Schub für die Ressentiments gegen Flüchtlinge. Es wäre auch dringend notwendig, dass die »Helferszene« sich dieses Problems annimmt und nicht in ihrem teilweise zu beobachtenden empathischen Tunnelblick auf das Flüchtlingselend verharrt. Die Gewerkschaften können und müssen dabei eine zentrale Rolle spielen.

Auf der Suche nach Lösungen

Vorweg: Die eine und vor allem schnelle Lösung der Flüchtlings-krise gibt es nicht. Weder global noch europäisch und schon gar nicht national, auch wenn Rechtspopulisten auf der einen und Gralshüter einer radikalen, vermeintlich linken Position auf der anderen Seite das Gegenteil behaupten. Die komplette Abriege-lung der EU-Außengrenzen oder der deutschen Landesgrenze ist weder praktikabel noch mit dem Völkerrecht und dem Grund-gesetz vereinbar. Entsprechende Versuche würden zu kaum vor-stellbaren humanitären Katastrophen führen.

Aber auch die Forderung nach »offenen Grenzen für alle, immer und überall« führt ins Leere. Die dauerhafte Aufnahme von Flüchtlingen und vor allem deren Integration stößt in jedem Land ab einer gewissen Größenordnung an objektive Grenzen. Selbst wenn die materiellen Ressourcen vorhanden beziehungs-weise mobilisierbar sind, wie es unter anderem in Deutschland der Fall ist, würde die soziale Infrastruktur irgendwann kollabie-ren, wenn der Zuzug in dieser Geschwindigkeit und dieser Grö-ßenordnung über längere Zeit anhält. Keine noch so ambitio-nierten Programme für Wohnungsbau, Kindertagesstätten, Schu-len, Deutsch- und Integrationskurse und Arbeitsmarktförderung könnten dies auf Dauer abfangen, zumal in den genannten Be-reichen bereits jetzt erhebliche Defizite zu verzeichnen sind. Je mehr Flüchtlinge binnen kurzer Zeit nach Deutschland kommen, desto geringer wären deren Chancen, hier dauerhaft ein men-schenwürdiges und selbstbestimmtes Leben führen zu können.

Zudem ist die anhaltende Aufnahme von sehr vielen Migran-ten nicht ohne gesellschaftliche Akzeptanz realisierbar. Natür-lich ist es fatal, vor wachsenden rechtspopulistischen Stimmun-gen bis hin zum offenen Fremdenhass einzuknicken, wie es die

Bundesregierung in den letzten Wochen vormacht, indem sie eine Verschärfung des Asylrechts nach der anderen auf den Weg bringt. Doch das Recht auf Asyl und die Genfer Flüchtlingskonvention dürfen keine Verhandlungsmasse sein, auch dann nicht, wenn Parteistrategen angesichts von Meinungsumfragen in Schnappatmung verfallen. Aber es reicht nicht, den Menschen zu sagen: »Wir schaffen das.« Man muss ihnen auch sagen, wie wir das schaffen können, und zwar nicht nur auf allgemeinpolitischer Ebene, sondern konkret vor Ort, in jedem Dorf, in jedem Landkreis, in jeder Stadt. Man muss ihnen glaubhaft und nachprüfbar darlegen, dass die Aufnahme und Integration so vieler Flüchtlinge zwar eine Herausforderung ist und nicht reibungslos verlaufen wird, aber letztlich ohne dauerhafte, gravierende Verschlechterungen der Lebensbedingen der bereits hier lebenden Menschen bewältigt werden kann. Und schließlich muss man ihnen klipp und klar und ohne Hintertürchen sagen: Ja, Deutschland ist ein Einwanderungsland, ja, Deutschland braucht Zuwanderung, ja, Deutschland wird sich durch Zuwanderung verändern, ohne dabei seine Identität aufgeben zu müssen. Es braucht ein Einwanderungsgesetz, welches die legale Zuwanderung von Arbeitsmigranten erleichtert und auch Flüchtlingen unter bestimmten Bedingungen diesen Weg eröffnet. Es braucht klare und transparente Regeln für Asylverfahren und Aufenthaltsstatus, die von einem Bekenntnis zur Humanität getragen sind. Das beinhaltet auch aufenthaltsbeendende Maßnahmen, die es weiterhin geben wird – und muss. Vor allem aber muss Deutschland sein politisches und ökonomisches Gewicht in die Waagschale werfen, um auf europäischer und globaler Ebene zur Lösung der Flüchtlingskrise beizutragen. Waffenexporte in Krisenregionen, die Unterstützung diktatorischer Regimes und militärischer Aggressionen und eine »Entwicklungspolitik«, die mehr an den Profitinteressen der deutschen Wirtschaft als an einer nachhaltigen Entwicklung der betroffenen Länder ausgerichtet ist, sind jedenfalls Treibsätze für die Flüchtlingsströme von morgen.

Die EU am Scheideweg

Es ist ein Trauerspiel. Die Europäische Union vereint 28 Staaten, hat über 500 Millionen Einwohner und ist gemessen an ihrem Bruttoinlandsprodukt der größte Binnenwirtschaftsraum der Welt. Und diese reiche, mächtige Union zeigt sich angesichts von ein paar Millionen Flüchtlingen, die in diesem Jahr in der EU Schutz suchen werden, heillos zerstritten und überfordert. Die meisten Mitgliedsstaaten versuchen sich so gut wie möglich gegen den Zuzug von Flüchtlingen abzuschotten, Ungarn hat sich als erstes Land sogar komplett einzäunen. Es gibt kaum eine Aussicht auf eine verbindliche Verteilungsquote für Flüchtlinge, die sich an der Einwohnerzahl und der wirtschaftlichen Leistungsfähigkeit orientiert. Im Gegenteil: Mit dem Festhalten am Dublin-III-Abkommen vom Juni 2013 wurde erneut bekräftigt, dass ausschließlich das Land, in dem ein Flüchtling erstmalig den Boden der EU betritt, für Erstaufnahme, Registrierung und Prüfung des Asylbegehrens zuständig ist. Auch Deutschland lehnte seinerzeit eine solidarische Verteilung der Flüchtlinge innerhalb der EU vehement ab und hoffte auf diese Weise verschont zu bleiben, da jeder Flüchtling (falls er nicht mit dem Flugzeug kommt) vor seiner Ankunft in Deutschland einen oder mehrere andere EU-Staaten betreten haben muss.

Das Dublin-System kollabierte, da die Hauptankunftsländer Griechenland und Italien schlicht nicht mehr in der Lage waren, alle Flüchtlinge zu versorgen und zu registrieren. Zwar ist das Abkommen formal noch in Kraft, doch allen Akteuren ist klar, dass es faktisch nicht mehr umsetzbar ist. Wenn Deutschland plötzlich alle Flüchtlinge wegen »Nichtzuständigkeit« abschieben wollte, würden die anderen Länder die Aufnahme verweigern und die Grenzen schließen (obwohl das Schengener Abkommen zum Wegfall der Personenkontrollen an den Binnengrenzen das eigentlich ausschließt). Ohnehin würde es wenig Sinn machen, eine Million Menschen über Österreich zurück auf die »Balkanroute« bis nach Italien, Griechenland oder gar Malta in vollkommen überfüllte Notlager zu schicken.

Ohne einen verpflichtenden Verteilungsschlüssel und die EU-weite Harmonisierung des Umgangs mit Flüchtlingen wird es keine nachhaltige Lösung geben. Doch es gibt wenig Hoffnung: Selbst eine von Deutschland, Schweden und Österreich im September vorgeschlagene »Verteilung light« von 160.000 Flüchtlingen, davon 66.000 aus Griechenland, stieß auf den erbitterten Widerstand der meisten EU-Länder. Übrig blieb eine eher unverbindliche Rahmenvereinbarung, und selbst die wurde von einigen Staaten abgelehnt. Es spricht Bände, dass anlässlich der Reise von 30 (sic!) syrischen und irakischen Flüchtlingen aus Griechenland nach Luxemburg am 4. November neben dem griechischen Ministerpräsidenten Alexis Tsipras auch EU-Integrationskommissar Dimitris Avramopoulos, EU-Parlamentspräsident Martin Schulz und Luxemburgs Außenminister Jean Asselborn am Flughafen erschienen.

Derzeit konzentriert sich die EU auf zwei andere Maßnahmen: »Hot Spots« in den Ankunftsländern und verstärkte Sicherung der Außengrenzen vor allem durch enge Kooperation mit der Türkei.

»Hot Spots« für bessere Registrierung

Bis zum Ende des Jahres 2015 will die EU mindestens elf sogenannte Hot Spots einrichten und betreiben. Dabei handelt es sich um große Registrierungszentren für Flüchtlinge, in denen Daten erfasst und Fingerabdrücke genommen werden sollen, um Mehrfachregistrierungen zu vermeiden und die Verteilung der Ankommenden besser organisieren zu können. Jeweils fünf Hot Spots soll es in Italien und Griechenland geben, einen auf Malta und möglicherweise weitere entlang der »Balkanroute«. In den Zentren soll auch die Möglichkeit bestehen, offensichtlich unbegründete Asylbegehren abzulehnen und die Rückführung zu veranlassen, zum Beispiel in die Türkei. »Wir müssen wissen, wer an unsere Tür klopft«, erklärte der luxemburgische Außenminister am 10. Oktober bei seinem Besuch auf der griechischen Insel Lesbos, einem der Standorte. Was diese neuen Registrierungsstellen letztlich bewirken können, ist derzeit nicht zu beurteilen, denn ohne aufnahmebereite Länder gibt es auch keine Verteilung. Ferner könnte die drohende Abschiebung viele Flüchtlinge davon abhalten, sich dort registrieren zu lassen. Folgerichtig forderte der Chef der europäischen Grenzschutzagentur FRONTEX, Fabrice Leggeri, am 4. November, Flüchtlinge zu inhaftieren, die sich der Registrierung und somit auch einer möglichen Abschiebung entziehen. Unklar ist bislang, inwieweit derartige Schnellverfahren überhaupt rechtsstaatlichen Standards entsprechen, zu denen sich die EU in ihrer Charta und anderen völkerrechtlich verbindlichen Abkommen verpflichtet hat. Angesichts der auch in der näheren Zukunft erwarteten Ankunft einer sechsstelligen Anzahl von Flüchtlingen pro Monat können die Hot Spots vielleicht eine Hilfe sein, um das derzeitige Chaos etwas abzumildern, viel mehr aber nicht.

Die Türkei soll's richten

Mit fast schon peinlicher Unterwürfigkeit hofieren europäische Spitzenpolitiker derzeit den türkischen Staatspräsidenten Recep Tayyip Erdoğan. Mit üppigen Geschenken, vom Freifahrtschein für den Terror gegen Kurden im Irak und im eigenen Land über die Inaussichtstellung der Visafreiheit bis hin zur Wiederaufnahme der Beitrittsverhandlungen mit der EU, soll der autokratische Herrscher dazu bewegt werden, Flüchtlinge von den Grenzen der EU fernzuhalten.

»Wir brauchen die Türkei, um die Außengrenzen der EU zu sichern«, erklärte EU-Kommissionspräsident Jean-Claude Juncker

Anfang Oktober vor dem Europaparlament. Die EU werde »Hand in Hand mit der Türkei eine abgestimmte Schutz- und Asylpolitik entwickeln«.

Wie die ZEIT am 4. Oktober berichtete, haben sich Erdoğan und die EU-Kommission bereits auf einen Rahmenplan verständigt. Demnach sollen die türkische und die griechische Marine zusammen mit FRONTEX den Seeweg zwischen der Türkei und den griechischen Inseln in der östlichen Ägäis umfassend überwachen. Alle aufgegriffenen Flüchtlinge sollen in die Türkei zurückgeführt werden, die bereits weit über zwei Millionen Flüchtlinge – größtenteils Syrer – aufgenommen hat. Dazu muss die Türkei noch offiziell zum »sicheren Drittstaat« erklärt werden. Für die Versorgung dieser Flüchtlinge soll das UN-Flüchtlingshilfswerk UNHCR mindestens 250 Millionen Euro zusätzlich von der EU erhalten. Weitere Mittel sollen für die Errichtung und den Betrieb von sechs weiteren großen Flüchtlingslagern nahe der syrischen Grenze für bis zu zwei Millionen Menschen bereitgestellt werden. Die EU-Staaten wollen sich im Gegenzug verpflichten, bis zu 500.000 Flüchtlinge aus der Türkei aufzunehmen. Diese könnten dann ohne Schlepper und ohne die gefährliche Fahrt über das Mittelmeer und die beschwerliche Reise entlang der »Balkanroute« direkt in die EU umgesiedelt werden. Von der Türkei wird im Gegenzug »erwartet«, dass sie bei der Behandlung der Flüchtlinge die Standards der UN-Flüchtlingskonvention einhält und zum Beispiel Zugang zu Schulbildung und Arbeitsmarkt ermöglicht.

Ob das alles funktionieren wird, steht noch in den Sternen. Im Sinne der EU-Abschottungspolitik scheint es jedenfalls der Königsweg zu sein. Aber eigentlich ist es ein schlechter Witz. Über vier Millionen Menschen sollen in einem infrastrukturell nur bedingt entwickelten Land verwahrt werden. In einem Land, in dem Polizeiwillkür bis hin zur Folter und Gewalt gegen Oppositionelle an der Tagesordnung sind und kritische Journalisten damit rechnen müssen, jahrelang eingesperrt zu werden, da es keine unabhängige Justiz gibt. Ein Land, das militärisch gegen Kurden im Irak und auf dem eigenen Territorium vorgeht und den Vormarsch des IS in Syrien logistisch aktiv unterstützt hat.

Bewältigung internationaler Krisen ist der Schlüssel

Es ist nicht auszuschließen, dass einige der jetzt in Angriff genommenen Maßnahmen dazu beitragen, dass zumindest kurzfristig deutlich weniger Flüchtlinge in die EU und somit auch nach Deutschland kommen. Die Ursachen für die derzeitigen Fluchtwellen werden dabei nicht einmal ansatzweise angegangen. Was haben Bundesregierung und EU-Kommission bislang getan, um den Bürgerkrieg in Syrien zu befrieden? Welche Anstrengungen wurden unternommen, um den staatlichen Zerfall des Iraks und sein Versinken in einen zähen Bürgerkrieg zu verhindern? Was wird getan, um die Lebensbedingungen in weiten Teilen Afrikas zu verbessern?

Die Liste ließe sich beliebig verlängern. Und sie enthält einen Schlüssel für den einzig sinnvollen und vor allem nachhaltigen Lösungsweg. Die beste und erfolgreichste Flüchtlingspolitik ist die, die Fluchtgründe bekämpft und nicht Flüchtlinge. Dafür wäre ein grundlegender Paradigmenwechsel notwendig – national, europäisch und global.

Dem »einfachen Bürger«, der sich in Deutschland und anderen Zielländern der Flüchtlinge um seine materiellen und soziokulturellen Lebensbedingungen sorgt, hilft das allerdings nicht weiter. Er ist das letzte Glied in der Kette und kann die globalen Entwicklungen kaum beeinflussen.

Wie dem auch sei: Die weltweiten Flüchtlingsströme werden vorläufig nicht enden, sondern sich tendenziell sogar verstärken. Da die Nachbarstaaten der betroffenen Länder wirtschaftlich und infrastrukturell nicht in der Lage sind, alle Flüchtlinge aufzunehmen, wird der Zustrom nach Europa und auch nach Deutschland anhalten. Diese Zuwanderung kann und muss geregelt werden, aber nicht durch rigorose Abschottung der »Festung Europa« (die ohnehin nicht funktionieren kann), sondern durch faire Verteilung der Lasten. Gelingt dies nicht, könnte die EU auseinanderbrechen. Das würde vielleicht manch einer begrüßen, ohne die gravierenden wirtschaftlichen und politischen Folgen zu bedenken. Die Existenzberechtigung der EU entscheidet sich jedenfalls auch anhand ihres Umgangs mit Flüchtlingen. Dabei kann Deutschland eine tragende Rolle spielen. Die Aufnahme und Integration der vielen Flüchtlinge ist eine gesamtgesellschaftliche Aufgabe, die wir uns nicht ausgesucht haben. Aber wir können es schaffen, wenn wir nicht nur Gefahren und Risiken, sondern auch die Chancen der Zuwanderung sehen und zu unserer humanitären Verpflichtung stehen. Dazu müssen wir den Ankömmlingen mit ausgestreckter Hand begegnen, ihnen helfen, hier anzukommen. Herauskommen könnte nach einem recht schmerzhaften Prozess ein etwas anderes Deutschland – bunter, vielfältiger, jünger, weltoffener, sozialer und auch wirtschaftlich nachhaltig stabiler. Das könnte sich lohnen, oder etwa nicht?